확실하게 배우는
차이나로
중국어 회화

초중급

Level 4

홍서

저자

孫茂玉 (쑨마오위)

国立台湾政治大学 中文系 졸업
한국관광공사 홍보 책자 다수 번역
서울지방경찰청, 대원외고, 삼성물산, 롯데 등 출강

전) 강남 CCC 중국어 학원 강사
전) 中华民国驻韩大使馆 领事部 (现 驻韩台湾代表部)
전) 차이나로 중국어학원 대표강사
전) 차이나로 중국어학원 교육실장
전) ㈜한솔차이나로 중국어학원 부원장
현) ㈜한솔차이나로 교육총감

차이나로 중국어회화 Level 4 초중급 홍서

초판발행	2014년 6월 23일
1판 4쇄	2018년 9월 5일
저자	차이나로 중국어 연구소, 孫茂玉
펴낸이	엄태상
책임편집	최미진, 전유진, 가석빈, 高霞, 박소영, 하다능
디자인	박경미
제작	조성근, 전태준
마케팅	이승욱, 오원택, 전한나, 왕성석
온라인마케팅	김마선, 유근혜, 김제이
경영지원	마정인, 김영희, 김예원
펴낸곳	시사중국어사
주소	서울시 종로구 자하문로 300 시사빌딩
주문 및 교재문의	1588-1582
팩스	(02) 3671-0500
홈페이지	www.sisabooks.com
이메일	sisachinabook@hanmail.net
등록일자	1988년 2월 13일
등록번호	제1 - 657호

ISBN 978-89-7364-453-7 14720
　　　978-89-7364-471-1(set)

* 이 교재의 내용을 사전 허가없이 전재하거나 복제할 경우 법적인 제재를 받게 됨을 알려 드립니다.
* 잘못된 책은 구입하신 서점에서 교환해 드립니다.
* 정가는 표지에 표시되어 있습니다.

머리말

중국어 교재 최초로 삽화를 통한 연상학습법을 사용한 『차이나로 中國語會話』시리즈는 중국어를 배우고 가르치는 수많은 학습자와 선생님들로부터 아낌없는 찬사와 성원을 받아왔습니다. 차이나로 중국어 연구소는 이에 만족하지 않고 한 걸음 더 나아가 지난 20여 년간의 현장 강의 노하우와 교수 경험을 바탕으로 『차이나로 중국어회화』를 새롭게 출간하였습니다.

개정판 **차이나로 중국어 회화** 시리즈는 중국어 학습자와 교수자의 요구에 최적화된 교재로, 중국어 회화를 "쉽게, 재미있게, 신나게, 확실하게, 생생하게, 자신있게" 구사할 수 있도록 철저히 학습 환경 위주의 구성과 편집에 포커스를 맞추었다고 단언합니다.

본 교재는 초중급 학습자가 보다 **확실하게** 중국어 실력을 다질 수 있도록 구성하였습니다. **본문**에서는 중국 문화에 관심이 있어 베이징으로 중국어를 공부하러 간 주인공의 경험을 토대로 좀 더 깊이 있고 다양한 주제들을 다루었으며, 기존의 간단한 회화체 문장을 벗어난 단문 스타일의 본문을 통해 학습자가 의식의 흐름에 따라 문장을 구성해나갈 수 있도록 하였습니다. **그림연상학습**에서는 학습자가 삽화를 통해 학습내용을 먼저 연상한 후 중국어로 직접 표현해 볼 수 있도록 하였고, **생활회화**에서는 다양한 상황을 제시하여 주제 중심의 생생한 표현을 익힐 수 있도록 하였습니다. **자유표현**을 통해 학습자는 다양한 주제에 대한 자신의 생각을 중국어로 표현할 수 있는 자신감을 기르게 되고, **어법 포인트**를 통해 초중급 과정에서 꼭 알아두어야 할 핵심적인 어법을 마스터하게 될 것입니다. 뿐만 아니라 **듣기훈련**, **연습문제** 그리고 **단문독해**를 통해 중국어의 네 가지 언어 영역인 听说读写에 대해 종합적으로 점검하여 균형 있는 중국어실력을 배양하고 HSK 4급을 준비할 수 있도록 하였습니다.

본 회화 시리즈의 **초중급편**이 여러분의 중국어 학습을 성공적으로 이끄는 길라잡이가 되길 기대합니다.

2014년 7월
차이나로 중국어 연구소
孙茂玉(쑨마오위)

차례

머리말 3
이 책의 활용법 6

01 飞到北京去　베이징으로 날아가다　9

02 韩国吹汉风　한국에 부는 중국어 바람　21

03 人生地不熟　낯설고 물설다　33

04 逛街的乐趣　쇼핑의 즐거움　45

05 十一黄金周　국경절 황금연휴　57

06 感冒好难受　감기는 너무 괴로워요　69

07 淡季旅游　비수기 여행　81

08 不好意思空手去　빈손으로 가기 민망해요　93

부록 105

이 책의 활용법

 **课文** 본문

단문 형식의 본문을 통해
다양한 주제에 대해
깊이 있게 생각해 볼 수
있도록 하였습니다.

 **生词** 새로운 단어

본문에 등장한
새로운 어휘들로
구성하였습니다.

看图回答 그림 연상 학습

그림을 보고 학습한 내용을 연상하여
주제와 관련된 질문에 중국어로
답할 수 있도록 하였습니다.

常用会话 생활회화

학습자가 하나의 주제를
다양한 측면에서 표현할 수
있도록 하였습니다.

自由表达 자유표현

자신의 의견을 중국어로
표현할 수 있도록
여러 토론 주제들을
다루었습니다.

语法 어법 포인트

초중급 과정에서
꼭 알아두어야 할
핵심적인 어법을
다루었습니다.

听力 듣기훈련

상황별 회화 및 문장을 듣고 파악하는 훈련을 통해
청취 능력을 강화할 수 있도록 하였습니다.

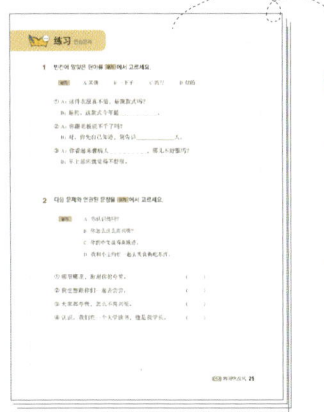

练习 연습문제

어휘 활용능력을 기르고
두 문장 사이의 연관성을
찾아내는 훈련을 할 수
있도록 하였습니다.

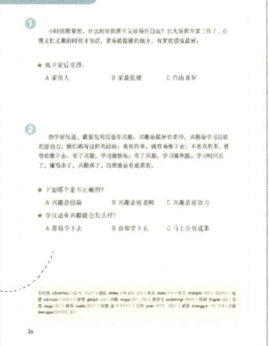

阅读 단문독해

짧은 글을 읽고 이해하는 훈련을 통해 중국어 상식을 넓히고,
HSK 4급 독해 영역을 준비할 수 있도록 하였습니다.

※ **여러분의 중국어 학습을 도와줄 친구들을 소개합니다.**

李美贞 Lǐ Měizhēn
한국인. 중국 문화를 좋아해서 중국어를 공부했다. 후에 공부하러 중국에 가는 것이 자기 발전이 있으리라 여겨, 이번에 베이징 대학에 중국어를 공부하러 왔다.

金明浩 Jīn Mínghào
한국인. 이미정의 한국 대학 선배.
1년 전에 베이징 대학에 공부하러 왔다. 적극적인 성격으로 미정을 잘 도와주지만, 너무 바빠서 미정과 자주 만날 수 없다.

杨梅 Yáng Méi
중국인. 미정이 베이징 대학에서 알게 된 중국 친구.
미정에게 중국어 가르치는 것을 좋아하고, 자주 미정의 기숙사에 놀러 간다.

王平 Wáng Píng
중국인. 김명호의 절친한 친구.
명호의 소개로 미정을 알게 되었다.

张丹 Zhāng Dān
중국인. 칭화 대학 학생.
미정과 시립도서관에서 알게 된 사이로, 두 사람은 대화가 잘 통한다. 평소 미정에게 관심을 기울이고 있어 미정의 친구들까지 잘 알고 있다.

01

飞到北京去
베이징으로 날아가다

对汉语越来越感兴趣。
중국어에 갈수록 흥미가 생기다.

在机场接朋友都说些什么?
공항에서 친구를 맞을 때 어떤 말을 합니까?

　　李美贞是韩国人。虽然她不是中文系的，但她爱写汉字，也喜欢看中国电影、听中国歌。她还利用周末和寒暑假，在补习班学过半年的汉语。她现在对汉语越来越感兴趣，越学越喜欢了。她认为想学好汉语就最好到中国去，她父母也答应了。于是，美贞坐飞机来到了北京。

　　她的学长金明浩在北京留学，他不仅开车去机场接她，还带她去学校报名，并把她送到留学生宿舍，一切都给她安置好了。

 生词 새로운 단어

中文	Zhōngwén	중국어
利用	lìyòng	이용하다
寒暑假	hánshǔjià	겨울방학과 여름방학
补习班	bǔxíbān	학원
越…越…	yuè…yuè…	…하면 할수록 …하다
认为	rènwéi	여기다, 생각하다
父母	fùmǔ	부모님
答应	dāying	승낙하다, 허락하다
于是	yúshì	그래서, 그리하여
学长	xuézhǎng	학교 선배
不仅	bùjǐn	…일 뿐만 아니라
并	bìng	그리고, 또
一切	yíqiè	모든, 온갖
安置	ānzhì	(사람이나 물건을) 배치하다

　　Lǐ Měizhēn shì Hánguó rén. Suīrán tā bú shì Zhōngwén xì de, dàn tā ài xiě Hànzì, yě xǐhuan kàn Zhōngguó diànyǐng、tīng Zhōngguó gē. Tā hái lìyòng zhōumò hé hánshǔjià, zài bǔxíbān xuéguo bàn nián de Hànyǔ. Tā xiànzài duì Hànyǔ yuèláiyuè gǎn xìngqù, yuè xué yuè xǐhuan le. Tā rènwéi xiǎng xuéhǎo Hànyǔ jiù zuì hǎo dào Zhōngguó qù, tā fùmǔ yě dāying le. Yúshì, Měizhēn zuò fēijī láidào le Běijīng.
　　Tā de xuézhǎng Jīn Mínghào zài Běijīng liú xué, tā bùjǐn kāi chē qù jīchǎng jiē tā, hái dài tā qù xuéxiào bào míng, bìng bǎ tā sòngdào liúxuéshēng sùshè, yíqiè dōu gěi tā ānzhì hǎo le.

看图回答 그림 연상 학습

▶ 본문 내용을 숙지하여 다음 질문에 답하세요.

1. 美贞不是中文系的，她怎么会说汉语?

2. 美贞对汉语感兴趣吗?

3. 美贞为什么到中国来学汉语?

4. 图中美贞是长头发还是短头发?

5. 明浩和美贞熟不熟悉?

6. 他们是在仁川国际机场见面的吗?

7. 父母不答应的事情，你做不做?

图 tú 그림, 도표 | 头发 tóufa 머리카락 | 熟悉 shúxī 익숙하다 | 仁川 Rénchuān (地) 인천 | 见面 jiàn miàn 만나다

▶ 본문 내용을 숙지하여 다음 질문에 답하세요.

1. 美贞是来北京留学的还是来工作的?

2. 明浩和美贞是兄妹关系还是学长学妹关系?

3. 你觉得图中明浩开的车是自己的还是借的?

4. 图中明浩开车要去哪儿?

5. 明浩带美贞去学校干什么? 他送美贞到宾馆了吗?

6. 你觉得图中他们在聊什么?

7. 请说一说你学习汉语的经历。

兄妹 xiōngmèi 남매 | 关系 guānxi 관계 | 学妹 xuémèi 후배 여학생 | 借 jiè 빌리다 | 经历 jīnglì 경력, 경험

常用会话 생활회화

① 约会

A：明天谁送你去机场？
B：我哥哥送我。
A：上午九点四十的飞机，没错吧？我去接你。
B：对。那咱们在机场见，我请你喝下午茶。

约会 yuēhuì 만날 약속 | 下午茶 xiàwǔ chá 애프터눈 티

② 接朋友

A：好久不见，路上辛苦了。
B：你那么忙，怎么有时间来接我？
A：平日忙，星期天有空闲时间啊。你都好吧？
B：很好，一切都好。

空闲 kòngxián 여가, 짬

❸ 好久不见

A：还记得我吗？我们在韩国一起学过汉语。
B：想起来了，你是金明浩。你比以前胖了！
A：是啊，都这么说。我得减肥了。
B：其实，你胖了看起来更年轻。

记得 jìde 기억하고 있다 | 减肥 jiǎnféi 다이어트하다 | 其实 qíshí 사실 | 年轻 niánqīng 젊다

❹ 来留学

A：你是什么时候来中国的？
B：大约有一年半了。
A：是来旅游的还是来工作的？
B：都不是，我是来留学的。我想提高汉语能力。

大约 dàyuē 대략, 대강 | 提高 tí gāo 향상시키다, 높이다 | 能力 nénglì 능력, 역량

自由表达 자유표현

1. 你认为怎么能学好汉语？

2. 你对中国的哪一方面比较感兴趣？

方面 fāngmiàn 방면, 분야

3. 请说说现在男女约会的好地方。

男女 nánnǚ 남자와 여자

4. 今天你是怎么来这儿的？一路上累不累？

5. 你去过中国吗？是去留学的还是去旅游的？

语法 어법 포인트

1 **不仅**开车去机场接她，**还**带她去学校报名。

'不仅…还…'는 '…일 뿐만 아니라 …이기도 하다'는 의미로, '还' 대신에 '也'를 쓰기도 한다.

- 我们不仅吃了羊肉串，还喝了啤酒。 우리는 양꼬치를 먹었을 뿐 아니라 맥주도 마셨습니다.
- 他不仅是我同学，也是我最好的朋友。 그는 제 동기일 뿐 아니라 저의 가장 좋은 친구입니다.

2 他**把**她**送到**了留学生宿舍。

'把字句'의 대상은 동작을 받는 대상이 되므로, 동사 뒤에는 반드시 처치 결과를 설명해주는 기타 성분이 있어야 한다. 기타 성분으로는 결과보어 등이 있다.

- 请把门打开。 문 좀 열어 주세요.
- 他把牛奶喝完了。 그는 우유를 다 마셨습니다.

> 打开 dǎkāi 열다, 펼치다

3 **一切都**给她安置好了。

'일체의, 모든, 온갖'의 뜻을 나타내는 '一切'는 주로 부사 '都'와 함께 쓰인다.

- 一切都结束了。 모조리 다 끝났습니다.
- 一切都准备好了。 모든 준비가 다 되었습니다.

4 想**起来**了，你是金明浩。你胖了看**起来**更年轻。

(1) 동작이나 상황이 시작되는 동시에 계속됨을 나타낸다. 목적어는 '起来' 사이에 위치한다.

- 天气冷起来了。 날씨가 추워지기 시작했습니다.
- 她们一起唱起歌来。 그녀들은 함께 노래하기 시작했습니다.

(2) 동사 뒤에 쓰여 개인적인 인상이나 견해를 나타낸다.

- 这饭店住起来很舒服。 이 호텔은 지내보니 매우 편합니다.
- 他看起来很年轻，没有三十吧。 그는 젊어 보여요, 서른도 안 되었을 것입니다.

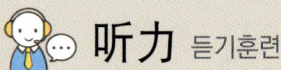 听力 듣기훈련

第一部分 대화를 듣고 질문에 알맞은 답을 고르세요.

1. A 在家　　　　　　B 在学校　　　　　　C 在公司

2. A 吃得很好　　　　B 喝得很好　　　　　C 睡得很好

3. A 没人接她　　　　B 朋友接她　　　　　C 家人接她

4. A 上班很辛苦　　　B 不爱骑自行车　　　C 骑车是好运动

5. A 住的房子　　　　B 学校宿舍　　　　　C 笔记本电脑

第二部分 문장을 듣고 질문에 알맞은 답을 고르세요.

1. A 学习　　　　　　B 买卖　　　　　　　C 交通

2. A 身体健康　　　　B 认识朋友　　　　　C 穿衣服好看

3. A 没人接他　　　　B 朋友接他　　　　　C 家人接他

4. A 可以挣钱　　　　B 能学好汉语　　　　C 能交中国朋友

5. A 出差逛街　　　　B 出差谈工作　　　　C 坐飞机出差

练习 연습문제

1 빈칸에 알맞은 단어를 보기 에서 고르세요.

> 보기　　A 安置　　B 利用　　C 答应　　D 于是

① A: 你父母会让你去美国留学吗?

　　B: 美国太远，我想他们不会＿＿＿＿＿＿的。

② A: 一切都＿＿＿＿＿＿好了，还需要什么可以找我。

　　B: 谢谢你，辛苦了。

③ A: 春天了，我要＿＿＿＿＿＿周末空闲时间做做运动。

　　B: 是啊，天气暖和，该锻炼锻炼了。

2 다음 문제와 연관된 문장을 보기 에서 고르세요.

> 보기
> A. 春天很暖和，就是常刮风。
> B. 小王，你过来一下，好吗?
> C. 平日工作，哪有时间学英语?
> D. 刚学的时候很有意思，可越来越不好学。

① 好的，我马上过去。　　　　　　　　(　　)

② 春天是旅游的好季节。　　　　　　　(　　)

③ 你的汉语学得怎么样?　　　　　　　(　　)

④ 怎么没有时间? 周末就可以啊。　　　(　　)

阅读 단문독해

1

　　读书是一个非常好的习惯。利用空闲时间读书，可以学到很多知识，还可以提高阅读和写作能力。我们不仅要读书，还要多读好书。但很多人已经好久没读书了。

★ 我们要读书，更要：

　　A 读好书　　　　　B 阅读写作　　　　　C 提高阅读能力

2

　　从我家去机场上班的路，说长不长，说短不短，但我有很多感受。如果比平常早出门十分钟，这条路就完全不堵。记得爸爸常说，做事要有计划，早做总比晚做好，这话一点儿都没错。还有这条路的空气好，景色美。我特别喜欢这里的梧桐树和松树。

★ 这段话主要说什么?

　　A 四季的美　　　　B 桐树和松树　　　　C 上班路上的感受

★ 作者什么时候觉得爸爸说的话没错?

　　A 周末堵车时　　　B 早出门上班时　　　C 看到梧桐树时

读书 dú shū 독서하다 | 习惯 xíguàn 습관, 버릇 | 知识 zhīshi 지식 | 阅读 yuèdú 읽다, 독해하다 | 写作 xiězuò 작문 | 感受 gǎnshòu 인상, 느낌 | 平常 píngcháng 평소, 평상시 | 完全 wánquán 완전하다 | 计划 jìhuà 계획하다 | 总 zǒng 늘, 언제나 | 错 cuò 틀리다, 맞지 않다 | 空气 kōngqì 공기 | 景色 jǐngsè 경치, 풍경 | 美 měi 아름답다 | 梧桐树 wútóngshù 오동나무 | 松树 sōngshù 소나무 | 段 duàn 도막, 토막 | 作者 zuòzhě 작가

02

韩国吹汉风

한국에 부는 중국어 바람

韩流和汉风。
한류와 한풍

怎么能学好汉语？
어떻게 해야 중국어를 잘 익힐 수 있습니까?

中国有"韩流",韩国吹"汉风"。在韩国汉语像刮风似的,一下子流行了起来,学习汉语的人越来越多,更有许多年轻人到中国去读书。

美贞也来到北大进修汉语。开学不久,她在学校里认识了一个中国朋友叫杨梅。杨梅听说她的汉语是跟韩国老师学的,直夸她的发音不错,说得也比其他外国人还好。听到杨梅的夸奖,美贞又高兴又不好意思,她以后更得努力学习。

生词 새로운 단어

韩流	Hánliú	한류
吹	chuī	(바람이) 불다
似的	shìde	비슷하다, (마치) …와(과) 같다
一下子	yíxiàzi	단시간에, 단번에
流行	liúxíng	유행하다
许多	xǔduō	대단히 많은, 허다한
读书	dú shū	공부하다
进修	jìnxiū	연수하다
开学	kāi xué	개학하다
跟	gēn	…와(과), …에게
夸	kuā	칭찬하다
发音	fāyīn	발음
其他	qítā	기타, 그 외
外国	wàiguó	외국
夸奖	kuājiǎng	칭찬, 칭찬하다

　　Zhōngguó yǒu "Hánliú", Hánguó chuī "Hànfēng". Zài Hánguó Hànyǔ xiàng guā fēng shìde, yíxiàzi liúxíng le qǐlai, xuéxí Hànyǔ de rén yuèláiyuè duō, gèng yǒu xǔduō niánqīng rén dào Zhōngguó qù dú shū.
　　Měizhēn yě láidào Běi Dà jìnxiū Hànyǔ. kāi xué bùjiǔ, tā zài xuéxiào lǐ rènshile yí ge Zhōngguó péngyou jiào Yáng Méi. Yáng Méi tīngshuō tā de Hànyǔ shì gēn Hánguó lǎoshī xué de, zhí kuā tā de fāyīn búcuò, shuō de yě bǐ qítā wàiguó rén hái hǎo. Tīngdào Yáng Méi de kuājiǎng, Měizhēn yòu gāoxìng yòu bù hǎoyìsi, tā yǐhòu gèng děi nǔlì xuéxí.

看图回答 그림 연상 학습

▶ 본문 내용을 숙지하여 다음 질문에 답하세요.

1. "汉风"是说汉语风还是中国风?

2. "一下子"是长时间还是短时间的意思?

3. 美贞是什么时候在哪儿认识杨梅的?

4. 你觉得她们在校园里聊天还是在公园里聊天?

5. 美贞以前的汉语老师是哪国人？是男的还是女的?

6. 你和朋友最近都聊些什么?

7. 你认为现在"韩流"更火还是"汉风"更火?

意思 yìsi 뜻, 의미 | 校园 xiàoyuán 교정, 캠퍼스 | 火 huǒ 인기가 있다

▶ 그림을 보고 다음 질문에 답하세요.

1. 图中谁夸谁？夸什么？
2. 杨梅觉得美贞的汉语说得怎么样？
3. 美贞听了杨梅说的话觉得怎么样？她要努力还是放弃？
4. 有人夸你的时候，该说"当然"还是"哪里哪里"？
5. 你常听到那些夸奖？
6. 到中国去学习的人，大部分是青少年还是年轻人？
7. 请说说现在韩国都流行什么？

放弃 fàngqì 버리다, 포기하다 | 大部分 dàbùfen 대부분 | 青少年 qīngshàonián 청소년

常用会话 생활회화

1 会说汉语

A：我以为你不会说汉语。
B：会一点儿，但说得不好。
A：你什么时候学的?
B：利用空闲时间自己学的。

以为 yǐwéi 여기다, 알다

2 喜欢中国

A：你为什么学汉语?
B：因为工作上的需要，我想了解中国。
A：那你喜欢中国吗?
B：当然喜欢，尤其是中国的文化。

尤其 yóuqí 특히, 더욱이 | 文化 wénhuà 문화

③ 汉语很有意思

A：好久没见到你了。听说你学汉语学得很有意思。
B：有意思，就是有点儿难。
A：什么难？
B：写作最难，我总写错字。

难 nán 어렵다 | 错字 cuòzì 오자, 잘못된 글자

④ 进步得真快

A：你的汉语进步得真快！
B：谢谢。过奖了。
A：你学习汉语有什么好方法？
B：多听多说，常和中国人聊天。

进步 jìnbù 진보하다, 향상되다 | 方法 fāngfǎ 방법

自由表达 자유표현

1. 韩语和汉语有什么不同?

   不同 bùtóng 다르다

2. 你觉得最好的减肥方法是什么?

3. 你平常空闲的时候喜欢做什么?

4. 你觉得说汉语更难还是写汉字更难?

5. 你学汉语是因为个人的兴趣还是工作的需要?

   个人 gèrén 개인 | 兴趣 xìngqù 흥미, 관심

语法 어법 포인트

1 在韩国汉语像刮风似的，一下子流行了起来。

'一下子'는 부사어로 쓰여 짧은 시간을 나타낸다.

- 不能一下子做完。 단번에 끝낼 수 없습니다.
- 我们要一下子解决。 우리는 단번에 해결하고자 합니다.

解决 jiějué 해결하다

2 杨梅直夸她的发音不错。

(1) '곧장, 바로'의 의미로 방향성을 나타낸다.

- 往前直走就到。 앞으로 곧장 가면 도착합니다.
- 这飞机直达上海。 이 비행기는 상하이 직항입니다.

(2) '줄곧, 계속해서'의 뜻으로 시간의 지속이나 동작의 반복을 나타낸다.

- 他渴得直喝水。 그는 목이 타서 계속 물을 마십니다.
- 他看着女朋友直笑。 그는 여자 친구를 보며 줄곧 웃습니다.

直达 zhídá 직통하다, 직행하다

3 我以为你不会说汉语。

'以为'는 '생각하다, 여기다'라는 뜻으로 주관적인 생각을 나타낼 때 사용되며, 주로 '…인 줄 알았는데 사실은 아니다'라는 부정적인 어감을 갖는다.

- 我以为你睡着了。 저는 당신이 잠든 줄 알았습니다.
- 你以为我不知道吗? 당신은 제가 모르는 줄 알았습니까?

睡着 shuìzháo 잠들다

4 当然喜欢，尤其是中国的文化。

부사 '尤其'는 몇 가지 사물 혹은 상황 중 다른 것들과 비교해서 돌출되거나 더 중요함을 나타낸다. 일반적으로 뒷절에 쓰이며, '特別'와 의미가 가깝다.

- 弟弟喜欢吃水果，尤其喜欢吃草莓。 남동생은 과일을 좋아하는데, 특히 딸기를 좋아합니다.
- 我们家人都爱看电影，尤其是妹妹。
  우리 가족은 모두 영화를 즐겨 보는데, 특히 여동생이 그러합니다.

听力 듣기훈련

第一部分 대화를 듣고 질문에 알맞은 답을 고르세요.

1. A 想了解中国　　B 爱听中国歌　　C 喜欢中国美食
2. A 很有意思　　　B 没有意思　　　C 又难又没意思
3. A 学习英文　　　B 英文老师　　　C 高中同学
4. A 汉语写作好　　B 汉语听力好　　C 汉语发音好
5. A 男的　　　　　B 女的　　　　　C 不知道

第二部分 문장을 듣고 질문에 알맞은 답을 고르세요.

1. A 上小学时　　　　B 上大学时　　　　C 上下班时
2. A 小学汉语老师　　B 小学英语老师　　C 大学英语老师
3. A 银行职员　　　　B 公司职员　　　　C 公司老板
4. A 会说不会写　　　B 又会说又会写　　C 不会说只会写
5. A 努力　　　　　　B 好方法　　　　　C 很多方法

练习 연습문제

1 빈칸에 알맞은 단어를 보기 에서 고르세요.

> 보기　　A 其他　　B 一下子　　C 流行　　D 似的

① A: 这件衣服真不错，是新款式吗?
　 B: 是的。这款式今年最_____。

② A: 你跟老板说不干了吗?
　 B: 对。你先自己知道，别告诉_____人。

③ A: 你看起来像病人_____，哪儿不舒服吗?
　 B: 早上起床就觉得不舒服。

2 다음 문제와 연관된 문장을 보기 에서 고르세요.

> 보기　　A. 你认识他吗?
> 　　　　B. 你怎么这么高兴呢?
> 　　　　C. 你的中文说得真地道。
> 　　　　D. 我和小王约好一起去吃中国菜。

① 哪里哪里，谢谢你的夸奖。　　　　　　　　(　　)

② 我也想跟你们一起去尝尝。　　　　　　　　(　　)

③ 大家都夸我，怎么不高兴呢。　　　　　　　(　　)

④ 认识。我们在一个大学读书，他是我学长。　(　　)

阅读 단문독해

1

　　小时候我常想，什么时候能离开父母得到自由？长大后离开家工作了，在我又忙又累的时候：才知道，家是最温暖的地方，有家的感觉最好。

★ 离开家后觉得：

A 更忙更累　　　　　B 家最温暖　　　　　C 自由真好

2

　　想学好汉语，就要先对汉语有兴趣。兴趣是最好的老师，兴趣是学习汉语的原动力。我们都有这样的经验：喜欢的事，就容易做下去；不喜欢的事，就很难做下去。有了兴趣，学习就快乐；有了兴趣，学习就积极。学习时间长了，懂得多了，兴趣高了，自然就会有成果的。

★ 下面哪个是不正确的?

A 兴趣是经验　　　　B 兴趣是好老师　　　C 兴趣是原动力

★ 学汉语有兴趣就会怎么样?

A 容易学下去　　　　B 很难学下去　　　　C 马上会有成果

小时候 xiǎoshíhou 어릴 때, 유년기 | 得到 dédào 손에 넣다, 얻다 | 自由 zìyóu 자유 | 长大 zhǎngdà 자라다, 성장하다 | 温暖 wēnnuǎn 따듯하다 | 感觉 gǎnjué 느낌 | 原动力 yuándònglì 원동력 | 经验 jīngyàn 경험 | 容易 róngyì 쉽다 | 快乐 kuàilè 즐겁다 | 积极 jījí 적극적이다 | 自然 zìrán 자연히, 저절로 | 成果 chéngguǒ 수확, 성과 | 正确 zhèngquè 정확하다, 옳다

03

人生地不熟
낯설고 물설다

不知道哪儿是哪儿。
어디가 어디인지 모르겠다.

找不到地方怎么问路?
장소를 찾을 수 없을 때 어떻게 길을 묻습니까?

 课文 본문

周日早晨，美贞在宿舍里做完了作业觉得很无聊，她想出去逛逛买点儿东西。同屋建议她去前门，那儿商店多什么都能买到。美贞在北京人生地不熟，不知道哪儿是哪儿，又没有人陪她去，只好自己走走看了。

美贞走了很久都没找到前门，就问行人怎么走。行人告诉她，前面路口右拐直走就是。美贞又问那儿有没有书店，他说不太清楚。

到了前门，美贞看到一家书店，她先买了一本中韩词典，然后开始慢慢儿逛了。

 生词 새로운 단어

周日	zhōurì	일요일
早晨	zǎochén	아침
作业	zuòyè	숙제, 과제
无聊	wúliáo	따분하다, 지루하다
同屋	tóngwū	룸메이트
建议	jiànyì	건의하다, 제의하다
商店	shāngdiàn	상점
人生地不熟	rén shēng dì bù shú	낯설고 물설다
陪	péi	동반하다, 수행하다
只好	zhǐhǎo	부득이, 할 수 없이
路口	lùkǒu	길목, 갈림길
清楚	qīngchu	분명하다, 뚜렷하다
然后	ránhòu	그러한 후에, 그리고 나서
开始	kāishǐ	시작하다

　Zhōurì zǎochén, Měizhēn zài sùshè lǐ zuòwán le zuòyè juéde hěn wúliáo, tā xiǎng chūqu guàngguang mǎi diǎnr dōngxi. Tóngwū jiànyì tā qù Qiánmén, nàr shāngdiàn duō shénme dōu néng mǎidào. Měizhēn zài Běijīng rén shēng dì bù shú, bù zhīdao nǎr shì nǎr, yòu méiyǒu rén péi tā qù, Zhǐhǎo zìjǐ zǒuzou kàn le.
　Měizhēn zǒule hěn jiǔ dōu méi zhǎodào Qiánmén, jiù wèn xíngrén zěnme zǒu. Xíngrén gàosu tā, qiánmian lùkǒu yòu guǎi zhí zǒu jiùshì. Měizhēn yòu wèn nàr yǒu méiyǒu shūdiàn, tā shuō bú tài qīngchu.
　Dàole Qiánmén, Měizhēn kàndào yì jiā shūdiàn, tā xiān mǎile yì běn Zhōng Hán cídiǎn, ránhòu kāishǐ mànmānr guàng le.

 看图回答 그림 연상 학습

▶ 본문 내용을 숙지하여 다음 질문에 답하세요.

1. 美贞了解北京的路吗?

2. 美贞为什么想出去逛街?

3. 同屋建议她去前门的原因是什么?

4. 美贞看地图找到了前门还是问路找到了前门?

5. 行人告诉美贞怎么到前门去?

6. 图中他们的后面是邮筒还是公用电话亭?

7. 你喜欢去人生地不熟的地方吗?

原因 yuányīn 원인 | 邮筒 yóutǒng 우체통 | 公用电话亭 gōngyòng diànhuà tíng 공중전화부스

▶ 본문 내용을 숙지하여 다음 질문에 답하세요.

1. 美贞除了打听前门怎么走，还打听了什么?

2. 行人对什么不太清楚?

3. 行人大概地告诉了她还是详细地告诉了她?

4. 图中行人向美贞摆手是什么意思?

5. 美贞走到前门后，先去哪儿干什么了?

6. 周日你总无聊还是忙碌?

7. 从这里到你家怎么走? 请详细地说明。

摆手 bǎi shǒu 손을 젓다 | 忙碌 mánglù 바쁘다 | 说明 shuōmíng 설명하다

常用会话 생활회화

1 自动售货机

A：请问，这附近有超市吗？
B：前面往左拐就有一家。
A：那儿有没有自动售货机？
B：有。超市外面好像有两台。

自动售货机 zìdòng shòuhuòjī 자판기 | 好像 hǎoxiàng 마치 …와(과) 같다 | 台 tái 기계 등을 세는 단위

2 好不好找？

A：地铁站从这儿怎么走？
B：顺着这条路一直走就看到了。
A：好不好找？
B：你跟我来吧，我正好也去。

顺着 shùnzhe …을(를) 따라서 | 跟 gēn 따라가다 | 正好 zhènghǎo 마침, 때마침

❸ 找急诊室

A：请问，急诊室在哪儿？
B：不在这儿，在后门那儿。
A：从这儿怎么过去？
B：你从正门绕过去就行。

急诊室 jízhěnshì 응급실 | 正门 zhèngmén 정문 | 绕 rào 우회하다, 돌아서 가다

❹ 换乘

A：去北京西站怎么坐车？
B：坐103路公交车，在前门换26路。
A：没有直达的吗？
B：这里没有，要不然你打车去吧。

要不然 yàoburán 그렇지 않으면 | 打车 dǎ chē 택시를 잡다

自由表达 자유표현

1. 一般什么时候去急诊室?

   一般 yībān 보통이다, 일반적이다

2. 你在什么情况下坐出租车?

3. 韩国出租车的起步价是多少?

   起步价 qǐbùjià 기본요금

4. 别人向你问路,你会详细地告诉他还是带他去?

5. 离你家最近的便利店怎么走? 大约要多长时间?

   便利店 biànlìdiàn 편의점

语法 어법 포인트

1 那儿商店多**什么都**能买到。

'무엇이든지, 아무 것도'의 의미로 예외가 없음을 나타낸다.

- 努力的话，什么都能学会。 열심히 하면 무엇이든 습득할 수 있습니다.
- 忙了一天，什么也没做完。 하루종일 바빴는데도 아무 것도 끝내지 못했습니다.

学会 xuéhuì 습득하다, 배워서 알다

2 没有人陪她去，**只好**自己走走看了。

단지 하나의 선택만을 할 수 있다는 의미로 '只得 zhǐdé'와 같은 뜻이다.

- 没人做，只好我做。 할 사람이 없으니 제가 하는 수 밖에 없습니다.
- 没有机票，只好坐船去了。 비행기표가 없어서 할 수 없이 배를 타고 갔습니다.

机票 jīpiào 비행기표

3 **然后**开始慢慢儿逛了。

(1) '그러한 후에, 그리고 나서'의 의미로 동작이 이어서 발생하는 것을 나타낸다.

- 先洗手再吃饭，然后看电视。 손 씻고 밥을 먹은 다음에 텔레비전을 봅니다.
- 晚上去图书馆学习，然后回家吧。 저녁에는 공부하러 도서관에 갔다가 그런 다음에 집으로 갑시다.

(2) '以后'는 '…한 다음에'라는 뜻의 시간 명사로 앞절의 끝에 쓰이지만, 접속사 '然后'는 뒷절의 앞머리에 쓰여 앞절과 뒷절을 연결해 주는 역할을 한다.

- 昨天你们唱完歌以后，去哪儿了? 어제 노래를 다 부른 후에 어디 갔습니까?
- 昨天你们唱完歌，然后去哪儿了? 어제 노래를 다 부르고 나서, 그 다음에 어디 갔습니까?

4 **要不然**你打车吧。

접속사 '要不然'은 '그렇지 않으면'의 의미이며, '要不' 혹은 '不然'으로 줄여 쓰기도 한다.

- 快走吧，要不然就迟到了。 얼른 가세요, 그렇지 않으면 지각하게 될 것입니다.
- 我明天忙，不然可以陪你去。 제가 내일 바빠서요, 그렇지 않으면 같이 가 줄 수 있을텐데요.

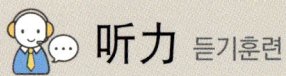

第一部分 대화를 듣고 질문에 알맞은 답을 고르세요.

1. A 好找　　　　　B 不好找　　　　　C 很难找

2. A 不太清楚　　　B 离这儿近　　　　C 离这儿远

3. A 要换车　　　　B 不用换车　　　　C 不用坐车

4. A 四五分钟　　　B 十五分钟　　　　C 四十五分钟

5. A 这里是哪儿　　B 北大怎么走　　　C 北大宿舍在哪儿

第二部分 문장을 듣고 질문에 알맞은 답을 고르세요.

1. A 洗脸　　　　　B 看报　　　　　　C 吃饭

2. A 应该多运动　　B 开车不安全　　　C 走路能减肥

3. A 上课　　　　　B 问路　　　　　　C 买书

4. A 不吃早餐　　　B 在外面吃　　　　C 自己做饭吃

5. A 宿舍　　　　　B 教室　　　　　　C 图书馆

练习 연습문제

1 빈칸에 알맞은 단어를 보기 에서 고르세요.

> 보기   A 清楚   B 建议   C 然后   D 无聊

① A：这工作太＿＿＿＿＿了，每天没事儿干。
　 B：是不是你又想换工作了？

② A：近的看得见，怎么远的看不＿＿＿＿＿呢？
　 B：我看，你需要眼镜了。

③ A：明天我们有什么安排？
　 B：早晨吃了早餐，＿＿＿＿＿到他们公司去开会。

2 다음 문제와 연관된 문장을 보기 에서 고르세요.

> 보기   A. 我可以陪你去。
> 　　　B. 然后慢慢儿逛。
> 　　　C. 王府井怎么走？
> 　　　D. 都记得，而且记得很清楚。

① 我们先吃饭，　　　　　　　　　　（　）

② 谢谢，真不好意思。　　　　　　　（　）

③ 顺着这条路一直走就看见了。　　　（　）

④ 高中时候的事情，你都记得吗？　　（　）

 阅读 단문독해

1

谁都有无聊的时候：上班没事做觉得无聊，自己没人陪也觉得无聊。等人会无聊，等车等电梯都会无聊。无聊总在进行，总在你我心里。

★ 这段话主要说什么？

A 上班没事做　　　　B 没有酒友陪　　　　C 无聊总在进行

2

急诊室的病人都是需要急救的。每位医生和护士都用自己的爱心和热情看护每一位病人。24小时不分日夜，有很多病痛的人从这里健康地走出，也有很多生命在这里画上了句号。但急诊室里温暖感人的空气，却一直没有变化。

★ 急诊室的医生和护士很有：

A 生命　　　　　　　B 变化　　　　　　　C 爱心

★ 通过这段话可以知道急诊室：

A 很吵　　　　　　　B 很温暖　　　　　　C 上午不看病

进行 jìnxíng 진행하다 | 酒友 jiǔyǒu 술친구 | 急救 jíjiù 응급 치료 | 护士 hùshi 간호사 | 用 yòng …으로(써) | 看护 kānhù 간호하다 | 分 fēn 나누다 | 日夜 rìyè 밤낮, 주야 | 病痛 bìngtòng 병고 | 生命 shēngmìng 생명 | 画 huà 그리다 | 句号 jùhào 마침표 | 感人 gǎnrén 감동시키다, 감명을 주다 | 却 què 도리어, 오히려 | 变化 biànhuà 변화 | 通过 tōngguò 을(를) 통하다, …에 의하다 | 吵 chǎo 시끄럽다, 떠들썩하다

04

逛街的乐趣
쇼핑의 즐거움

逛街又新鲜又快乐。
거리 구경은 새롭고도 즐겁다.

边走边看,边吃边买。
걸으며 구경하고, 먹으며 쇼핑하다.

 课文 본문

美贞喜欢逛街。她觉得在中国逛街就像旅游似的,又新鲜又快乐。今天下午没课,美贞穿上新买的上衣和棕色短裤,一个人又出去逛街了。

她经过一家大减价的鞋店,看上了一双款式不错的黄色运动鞋。她请营业员拿一双38号的。不巧,38号的黄色运动鞋已经卖完了。营业员给她介绍了蓝色的,还说现在打七折,至少便宜一百元。美贞试穿后正合适,而且比想象中的还舒服,就用现金买了这双蓝色运动鞋。

生词 새로운 단어

- 新鲜　　　xīnxiān　　　　　신선하다, 새롭다
- 上衣　　　shàngyī　　　　　상의, 윗옷
- 棕色　　　zōngsè　　　　　　갈색
- 短裤　　　duǎnkù　　　　　　반바지
- 经过　　　jīngguò　　　　　지나다, 경과하다
- 大减价　　dà jiǎn jià　　　바겐세일
- 营业员　　yíngyèyuán　　　　점원, 판매원
- 不巧　　　bù qiǎo　　　　　유감스럽게도, 운 나쁘게
- 至少　　　zhìshǎo　　　　　최소한, 적어도
- 想象　　　xiǎngxiàng　　　　상상
- 现金　　　xiànjīn　　　　　현금

Měizhēn xǐhuan guàng jiē. Tā juéde zài Zhōngguó guàng jiē jiù xiàng lǚyóu shìde, yòu xīnxiān yòu kuàilè. Jīntiān xiàwǔ méi kè, Měizhēn chuānshàng xīn mǎi de shàngyī hé zōngsè duǎnkù, yí ge rén yòu chūqu guàng jiē le.

Tā jīngguò yì jiā dà jiǎn jià de xiédiàn, kànshàng le yì shuāng kuǎnshì búcuò de huángsè yùndòngxié. Tā qǐng yíngyèyuán ná yì shuāng sānshíbā hào de. Bù qiǎo, sānshíbā hào de huángsè yùndòngxié yǐjīng màiwán le. Yíngyèyuán gěi tā jièshàole lánsè de, hái shuō xiànzài dǎ qī zhé, zhìshǎo piányi yìbǎi yuán. Měizhēn shì chuān hòu zhèng héshì, érqiě bǐ xiǎngxiàng zhōng de hái shūfu, jiù yòng xiànjīn mǎile zhè shuāng lánsè yùndòngxié.

看图回答 그림 연상 학습

▶ 본문 내용을 숙지하여 다음 질문에 답하세요.

1. 为什么美贞喜欢在中国逛街?

2. 美贞穿了什么衣服出去逛街? 谁陪她去?

3. 美贞为什么走进了这家鞋店?

4. 营业员是买东西的人还是卖东西的人?

5. 黄色的鞋卖完了, 美贞觉得正巧还是不巧?

6. 如果你想买的东西不巧卖完了, 那怎么办?

7. 你觉得逛街是一件快乐的事情吗?

正巧 zhèngqiǎo 공교롭다 | 办 bàn 처리하다

▶ 본문 내용을 숙지하여 다음 질문에 답하세요.

1. 美贞试穿蓝色运动鞋后觉得怎么样？

2. 这双蓝色运动鞋比打折前便宜多少？

3. 美贞本来看上了什么鞋子？为什么没买？

4. 美贞买鞋了吗？她付现金还是刷卡？

5. 你买东西的时候，先看什么？（颜色/质量/价格/大小/款式）

6. 你现在有多少现金？打算怎么花？

7. 一样的东西，你要买打折的还是赠品多的？

本来 běnlái 본래, 원래 | 付 fù 지불하다 | 刷卡 shuā kǎ 카드로 결제하다 | 赠品 zèngpǐn 증정품, 경품

 常用会话 생활회화

❶ 边走边看

A: 这里的衣服便宜吗？
B: 比较便宜，而且款式挺时尚的。
A: 那我们在这里逛逛吧，你不是想买件衬衫吗？
B: 对。我们边走边看吧。

挺 tǐng 매우, 아주 | 时尚 shíshàng 트렌드 | 衬衫 chènshān 셔츠, 블라우스

❷ 买电脑

A: 我们家的电脑终于坏了。
B: 那么老，早该淘汰了！
A: 我明天打算去中关村买一台。
B: 我陪你去，顺便看看平板电脑。

终于 zhōngyú 결국, 끝내 | 坏 huài 나쁘다, 고장나다 | 淘汰 táotài 도태하다, 쓸모 없게 되다 | 中关村 Zhōngguāncūn (地) 중관춘 | 顺便 shùnbiàn …하는 김에 | 平板电脑 píngbǎn diànnǎo 태블릿 PC

3 什么都好吃

A：吃不完的咱们打包吧。
B：不用了，我能吃完。
A：这家的包子那么好吃吗?
B：逛得肚子都饿了，什么都好吃！

打包 dǎbāo 포장하다 | 包子 bāozi 만두, 찐빵 | 肚子 dùzi 배, 복부

4 买单

A：老板，买单。
B：好的，一共两百八。
A：可以刷卡结账吗?
B：不好意思。我们不收信用卡，只收现金。

买单 mǎidān 계산서, 계산하다 | 结账 jié zhàng 결산하다 | 收 shōu 받다, 수납하다 | 信用卡 xìnyòngkǎ 신용 카드

自由表达 자유토론

1. 你喜欢在店里吃还是打包?

2. 你都有什么颜色的运动鞋?

3. 衣服脏了你自己洗还是送洗衣店?

   脏 zāng 더럽다 | 洗衣店 xǐyīdiàn 세탁소

4. 你的电脑是笔记本还是台式？想换新的吗?

   台式(电脑) táishì (diànnǎo) 데스크탑

5. 你和朋友一起吃饭怎么结账？各付各的吗?

语法 어법 포인트

1 她觉得在中国逛街就**像**旅游**似的**，又新鲜又快乐。

'마치 …(와)과 같다'는 뜻으로 어떤 종류의 사물이나 상황이 서로 유사함을 나타낸다.

- 红得像苹果似的。 사과 같이 빨갛습니다.
- 春天的风像妈妈的手似的，舒服极了。 봄바람은 엄마의 손처럼 굉장히 편안합니다.

2 她**看上**了一双款式不错的黄色运动鞋。

결과보어의 관용적 표현인 '看上'은 '마음에 들다, 반하다'의 의미로 '看中 kànzhòng'과 같은 뜻이다.

- 我没看上那双鞋。 저는 그 신발이 마음에 들지 않습니다.
- 我看，他看上你了。 제 생각에, 그는 당신에게 반했습니다.

3 至少**便宜一百元**。

형용사 뒤에 수량사를 놓아 '얼마 …하다, 얼마를 …하게 하다'의 의미를 나타낼 수 있다.

- 不够，再长一米吧。 부족해요, 1미터 더 길게 해 주세요.
- 他比去年高了两公分。 그는 작년보다 2센티미터 더 컸습니다.

4 我想**顺便**看看平板电脑。

'겸사겸사, …하는 김에'라는 뜻으로 어떤 일의 기회나 계기에 또 다른 일을 하는 것을 나타낸다.

- 顺便问一下，邮筒在哪儿? 그리고 또요, 우체통은 어디에 있습니까?
- 这次出差，顺便想见见老朋友。 이번에는 출장 가는 김에 옛 친구를 좀 만날까 합니다.

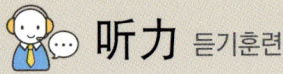 听力 듣기훈련

第一部分 대화를 듣고 질문에 알맞은 답을 고르세요.

1. A 书店　　　　　B 花店　　　　　C 鞋店

2. A 价格便宜　　　B 服务很好　　　C 款式不错

3. A 款式不好　　　B 价格太贵　　　C 大小不合适

4. A 他的电脑没坏　B 他不玩儿电脑　C 爸爸不买电脑

5. A 只收现金　　　B 只能刷卡　　　C 刷卡、现金都行

第二部分 문장을 듣고 질문에 알맞은 답을 고르세요.

1. A 去见朋友　　　B 想买衬衫　　　C 百货商场打折

2. A 款式好　　　　B 颜色多　　　　C 服务好

3. A 不多　　　　　B 不能穿　　　　C 款式多

4. A 刷卡最方便　　B 没有信用卡　　C 没有现金方便

5. A 突然坏了　　　B 换了台式的　　C 买了一台新的

练习 연습문제

1 빈칸에 알맞은 단어를 보기 에서 고르세요.

> 보기　　A 大减价　　B 新鲜　　C 至少　　D 经过

① A：那边人怎么那么多？

　B：名牌儿店在＿＿＿＿＿＿呢。

② A：这家的生意很火，大部分都是常来的客人。

　B：这家开了＿＿＿＿＿＿有十年。

③ A：你＿＿＿＿＿＿超市的时候，顺便帮我买瓶可乐回来吧。

　B：好的，一瓶就够了吗？

2 다음 문제와 연관된 문장을 보기 에서 고르세요.

> 보기　　A. 这我不太清楚。
> 　　　　B. 给我两个香辣汉堡。
> 　　　　C. 好吧，那下次我请客。
> 　　　　D. 我没带现金，刷卡可以吗？

① 这次我来买单吧。　　　　　　　　　　（　　）

② 这里吃还是带走？　　　　　　　　　　（　　）

③ 不好意思，我们这里只收现金。　　　　（　　）

④ 你知道去哪里能买到中国旗袍吗？　　　（　　）

阅读 단문독해

1

买单的方式，可以付现金，还可以刷卡。刷卡很方便，出门只要带一张卡，刷一下，付款就变得很时尚，很简单。甚至有些人不带现金，只带几张卡出门呢。

★ 通过这段话可以知道：

A 刷卡方便　　　　B 付现金很时尚　　　　C 很多人不带卡

2

买电脑需要注意的是：一、先上网查查，然后再和商家谈价钱。二、有没有赠品。如果没有，你可以再讲价。三、售后服务的时间越长越好，最好是三年。四、价钱便宜的要注意品质。五、不要只买新款电脑，因为三五年后都会淘汰。

★ 不要只买新款电脑的原因是：

A 容易坏　　　　B 价格贵　　　　C 淘汰快

★ 下面哪个是买电脑需要注意的？

A 先和商家谈价钱　　　B 商家有什么赠品　　　C 价钱便宜要看品质

方式 fāngshì 방식 | 只要 zhǐyào …하기만 하면 | 付款 fù kuǎn 돈을 지불하다 | 简单 jiǎndān 간단하다 | 甚至 shènzh 심지어 | 查 chá 찾아보다 | 商家 shāngjiā 상인, 상점 | 讲价 jiǎng jià 값을 흥정하다 | 售后服务 shòuhòu fúwù 애프터서비스, A/S | 期间 qījiān 기간 | 品质 pǐnzhì 품질 | 坏 huài 나쁘다, 고장나다

05

十一黄金周
국경절 황금연휴

黄金周最适合旅游。
황금연휴에는 여행이 딱이다.

中国有哪些值得去的地方?
중국에 가볼 만한 곳은 어디입니까?

十月一日是国庆节，学校放七天假。这么长的假期最适合旅游了。美贞也想利用十一黄金周出去玩儿。她请中国朋友王平做导游，王平很爽快地答应了。

王平问她想去故宫、天坛还是颐和园。美贞说，来北京一定要去长城，她想先去爬长城。于是，假期的第一天他们爬了长城，拍了很多照片。

除了名胜古迹，假期他们还去了博物馆、奥运鸟巢、三里屯酒吧街、798艺术区等等。这几天的游览让美贞越来越喜欢中国，她甚至变成了中国迷。

生词 새로운 단어

假期	jiàqī	휴가기간
适合	shìhé	적합하다
黄金周	huángjīnzhōu	황금연휴
导游	dǎoyóu	가이드
爽快	shuǎngkuai	명쾌하다, 시원시원하다
爬	pá	오르다
拍	pāi	찍다
照片	zhàopiàn	사진
博物馆	bówùguǎn	박물관
奥运鸟巢	Àoyùn Niǎocháo	베이징 올림픽 주경기장 (새의 둥지처럼 뼈대를 얽은 경기장의 외관에서 비롯된 명칭)
三里屯酒吧街	Sānlǐtún Jiǔbājiē	싼리툰 술집거리 (베이징 차오양시 싼리툰의 다양한 술집들이 모여 있는 거리)
798艺术区	Qījiǔbā Yìshùqū	798 예술단지 (공업단지의 재개발로 공장들이 이전한 후 예술가들이 모여 형성된 지역으로, 베이징 당대 예술의 메카)
游览	yóulǎn	유람하다, 관광하다
变成	biànchéng	…(으)로 변화하다
迷	mí	애호가, 마니아

Shí yuè yī rì shì Guóqìng Jié, xuéxiào fàng qī tiān jià. Zhème cháng de jiàqī zuì shìhé lǚyóu le. Měizhēn yě xiǎng lìyòng shí yī huángjīnzhōu chūqu wánr. Tā qǐng Zhōngguó péngyou Wáng Píng zuò dǎoyóu, Wáng Píng hěn shuǎngkuai de dāying le.

Wáng Píng wèn tā xiǎng qù Gùgōng、Tiāntán háishì Yíhéyuán. Měizhēn shuō, lái Běijīng yídìng yào qù Chángchéng, tā xiǎng xiān qù pá Chángchéng. Yúshì, jiàqī de dìyī tiān tāmen pále Chángchéng, pāile hěn duō zhàopiàn.

Chúle míngshèng gǔjì, jiàqī tāmen hái qùle bówùguǎn、Àoyùn Niǎocháo、Sānlǐtún Jiǔbājiē、Qījiǔbā Yìshùqū děngděng. Zhè jǐ tiān de yóulǎn ràng Měizhēn yuèláiyuè xǐhuan Zhōngguó, tā shènzhì biànchéng le Zhōngguó mí.

看图回答 그림 연상 학습

▶ 본문 내용을 숙지하여 다음 질문에 답하세요.

1. 国庆节放假，美贞有什么安排？

2. 美贞请谁做导游？他答应了没有？

3. 王平带着背包还是照相机？

4. 中国国庆节放几天假？韩国呢？

5. "名胜古迹"是著名的旅游区还是繁华的商业区？

6. 在韩国什么假期比较长？适合做什么？

7. 如果你有一周的假期，打算怎么安排？

背包 bèibāo 배낭, 백팩 | 照相机 zhàoxiàngjī 카메라 | 著名 zhùmíng 저명하다 | 旅游区 lǚyóuqū 관광지 | 繁华 fánhuá 번화하다 | 商业区 shāngyèqū 상업지역

▶ 본문 내용을 숙지하여 다음 질문에 답하세요.

1. 假期的第一天他们去了什么地方？

2. 王平为什么先带美贞去了长城？

3. 中国的长城有多少公里？

4. 他们去了哪个酒吧街和哪个艺术区？

5. 游览后，美贞有什么感受？

6. 你能用汉语说出首尔的名胜古迹吗？

7. 你认为自助游好还是跟团游好？为什么？

公里 gōnglǐ 킬로미터, km | 跟团游 gēntuányóu 단체여행

常用会话 생활회화

① 安排旅游

A：听说你暑假去上海旅游了？
B：对，下次打算去欧洲呢。
A：你一个人去不害怕吗？
B：有点儿，所以我在想要不要跟团去。

欧洲 Ōuzhōu (地) 유럽 | 害怕 hài pà 무서워하다, 두려워하다

② 天安门广场

A：这就是天安门广场啊！真大！
B：右边是国家博物馆，左边是人民大会堂。
A：前门在哪儿呢？
B：往南走就是前门。

广场 guǎngchǎng 광장 | 国家 guójiā 국가 | 人民大会堂 Rénmíndàhuìtáng 인민대회당

3 值得去

A：除了故宫、长城，还有哪些地方值得去?

B：多的是。天坛、颐和园、龙庆峡都不错。

A：你去过天坛吗?

B：没有，只在电视上看过。

值得 zhídé …할 만한 가치가 있다 | 龙庆峡 Lóngqìngxiá (地) 롱칭샤

4 爬长城

A：你去过长城吗?

B：当然，不到长城非好汉。

A：爬长城不累吗?

B：怎么不累，所以很多人都坐缆车上去。

不到长城非好汉 bú dào Chángchéng fēi hǎohàn 창청에 이르지 못하면 대장부가 아니다 | 缆车 lǎnchē 케이블카

自由表达 자유표현

1. 你觉得中国哪些地方值得去?

2. 你喜欢暑假旅游还是寒假旅游?

3. 如果有朋友来韩国旅游,你最先带他去哪儿?

4. 如果游览长城,你要坐缆车上去还是慢慢爬上去?

5. 黄金假期适合年轻人做什么? 中年人和老年人呢?

中年 zhōngnián 중년 | 老年 lǎonián 노년

语法 어법 포인트

1. 这么长的假期最适合旅游了。

(1) '적합하다, 알맞다, 적절하다'의 의미로 어떤 조건에 부합됨을 나타낸다.

- 你不适合做老师。 당신은 선생님을 하기에 적합하지 않습니다.
- 川菜适合韩国人的口味。 쓰촨 요리는 한국인의 입맛에 맞습니다.

(2) '适合'가 조건이 부합되어 '적합하다'는 의미라면, '合适'는 그 자체가 '적당하다'는 의미이다. '适合'는 목적어를 취할 수 있지만 '合适'는 목적어를 취할 수 없다.

- 这条裤子很合适。 이 바지는 사이즈가 잘 맞습니다.
- 这条裤子很适合我。 이 바지는 저에게 잘 어울립니다.

> 川菜 chuāncài 쓰촨 요리 | 口味 kǒuwèi 구미, 기호 | 裤子 kùzi 바지

2. 她甚至变成了中国迷。

결과보어 '成'은 동작의 결과로 어떠한 변화가 일어났음을 나타낸다.

- 把韩币换成人民币。 원화를 인민폐로 바꾸었습니다.
- 用水果可以做成可口的果汁。 과일로 맛있는 과일주스를 만들 수 있습니다.

> 韩币 Hánbì 한국 화폐

3. 值得去的地方多的是。

'아주 많다, 얼마든지 있다'의 의미로, 수량이 매우 많음을 강조하는 표현이다. '多得是'라고 쓰기도 한다.

- 公司里这样的人多的是。 회사에 이런 사람은 널렸습니다.
- 这里多的是，你要几个? 여기 얼마든지 있어요, 몇 개 줄까요?

 听力 듣기훈련

第一部分 대화를 듣고 질문에 알맞은 답을 고르세요.

1. A 春天　　　　　B 夏天　　　　　C 冬天

2. A 男的等女的　　B 女的等男的　　C 谁都不等谁

3. A 只会说汉语　　B 会说英语和汉语　C 什么语言都会说

4. A 夏天不去旅游　B 不喜欢做导游　C 夏天做导游很累

5. A 名胜古迹　　　B 有名的地方　　C 好玩儿的地方

第二部分 문장을 듣고 질문에 알맞은 답을 고르세요.

1. A 长城　　　　　B 故宫　　　　　C 颐和园

2. A 球迷　　　　　B 电脑迷　　　　C 运动迷

3. A 没有钱　　　　B 没有时间　　　C 没有人陪

4. A 挣钱多　　　　B 很快乐　　　　C 认识新人

5. A 不能休息　　　B 放假无聊　　　C 更喜欢工作

练习 연습문제

1 빈칸에 알맞은 단어를 보기 에서 고르세요.

> 보기　　A 导游　　B 甚至　　C 适合　　D 拍照

① A：我喜欢用手机给自己_____。
　 B：因为你年轻漂亮。

② A：你怎么离开公司了？
　 B：压力大，而且这工作不_____我。

③ A：他这几天一直都在屋里学习，_____都忘了吃饭。
　 B：他这么努力一定能考上北大！

2 다음 문제와 연관된 문장을 보기 에서 고르세요.

> 보기　　A. 我还在安排呢。
> 　　　　B. 这里怎么这么干净。
> 　　　　C. 你那儿有没有白纸？
> 　　　　D. 听说现在流行自助游。

① 是小王今早打扫的。　　　　　　　　　　（　　）

② 这里多的是，你要几张？　　　　　　　　（　　）

③ 你打算什么时候出国留学？　　　　　　　（　　）

④ 自助游都要自己安排，多麻烦！　　　　　（　　）

阅读 단문독해

1

　　如果你想自助游,那要安排的事情可就多了。虽然在出游之前做好了一切准备,心想不会有什么困难,但出游后总会发生几个意外,所以还是要随时小心。

★ 通过这段话可以知道自助游:

　A 要计划很多事情　　B 出游前会发生意外　　C 比跟团游方便很多

2

　　旅游也是一种乐趣。虽然花去不少钱,但它给我们带来很多欢乐,这是值得的。我认为旅游至少有三大好处:一、走向大自然,看看外面的世界,心情愉快。二、旅游能学到很多,还能尝到当地名菜。三、旅游可以健身,远离富贵病。请利用"双休日"和"黄金周"多安排旅游,不旅游就无法游览,不游览就无法感到欢乐。

★ 下面哪个是不正确的?

　A 旅游带来欢乐　　B 旅游是富贵病　　C 旅游也是学问

★ 什么时候要多安排旅游?

　A 暑假和寒假　　B 周末和长假　　C 国庆节和周末

出游 chūyóu 여행하러 가다 | 困难 kùnnan 어려움 | 发生 fāshēng 발생하다 | 意外 yìwài 뜻밖이다, 의외이다 | 随时 suíshí 언제나, 아무 때나 | 小心 xiǎoxīn 조심하다, 주의하다 | 乐趣 lèqù 즐거움, 재미 | 欢乐 huānlè 즐겁다, 유쾌하다 | 好处 hǎochu 장점, 좋은 점 | 大自然 dàzìrán 대자연 | 世界 shìjiè 세계, 세상 | 心情 xīnqíng 심정, 마음 | 愉快 yúkuài 기쁘다, 유쾌하다 | 当地 dāngdì 현지 | 健身 jiànshēn 몸을 튼튼히 하다 | 富贵病 fùguìbìng 호강병, 사치병 | 双休日 shuāngxiūrì 주 5일 근무제에서의 이틀 연휴, 주말 | 无法 wúfǎ …할 방법이 없다 | 感到 gǎndào 느끼다, 생각하다 | 学问 xuéwen 학문

06

感冒好难受
감기는 너무 괴로워요

感冒咳嗽真难受!
감기는 기침이 너무 괴로워!

身体不好，又要请假又要吃药。
컨디션이 안 좋아서, 휴가도 신청하고 약도 먹어야 한다.

连续几天的游览，美贞几乎没休息。回到宿舍，她又忙着做作业和收拾房间，结果累病了。

假期的最后一天，美贞感觉全身酸痛，又流鼻涕又咳嗽，头还有点儿热。她不愿意去医院，因为她最怕打针。可是想到明天要上课，就不得不去医院了。医生说是流行性感冒，给她打了一针，还递给她一张药方，叫她回去按时吃药。另外，还要注意多喝水，多休息，少运动。

感冒难受是难受，但不很严重，美贞就放心了。

 **生词** 새로운 단어

- 连续　　　　　liánxù　　　　　　　　연속하다, 계속하다
- 收拾　　　　　shōushi　　　　　　　정리하다
- 结果　　　　　jiéguǒ　　　　　　　　결국, 마침내
- 感觉　　　　　gǎnjué　　　　　　　　느낌, 느끼다
- 全身　　　　　quánshēn　　　　　　전신, 온몸
- 酸痛　　　　　suāntòng　　　　　　쑤시고 아프다
- 流　　　　　　liú　　　　　　　　　흐르다
- 鼻涕　　　　　bítì　　　　　　　　　콧물
- 愿意　　　　　yuànyì　　　　　　　　바라다, 희망하다
- 不得不　　　　bùdébù　　　　　　　…하지 않을 수 없다
- 流行性感冒　　liúxíngxìng gǎnmào　유행성 감기
- 递　　　　　　dì　　　　　　　　　건네다
- 药方　　　　　yàofāng　　　　　　　처방전, 약방문
- 叫　　　　　　jiào　　　　　　　　　…하게 하다
- 按时　　　　　ànshí　　　　　　　　제때에, 시간에 맞추어
- 另外　　　　　lìngwài　　　　　　　그 밖의
- 难受　　　　　nánshòu　　　　　　　괴롭다, 견딜 수 없다
- 放心　　　　　fàng xīn　　　　　　안심하다

　　Liánxù jǐ tiān de yóulǎn, Měizhēn jīhū méi xiūxi. Huídào sùshè, tā yòu mángzhe zuò zuòyè hé shōushi fángjiān, jiéguǒ lèi bìng le.
　　Jiàqī de zuìhòu yì tiān, Měizhēn gǎnjué quánshēn suāntòng, yòu liú bítì yòu késou, tóu hái yǒudiǎnr rè. Tā bù dǎsuan qù yīyuàn, yīnwèi tā zuì pà dǎ zhēn. Kěshì xiǎngdào míngtiān yào shàng kè, jiù bùdébù qù yīyuàn le. Yīshēng shuō shì liúxíngxìng gǎnmào, gěi tā dǎle yì zhēn, hái dì gěi tā yì zhāng yàofāng, jiào tā huíqu ànshí chī yào. Lìngwài, hái yào zhùyì duō hē shuǐ, duō xiūxi, shǎo yùndòng.
　　Gǎnmào nánshòu shì nánshòu, dàn bù hěn yánzhòng, Měizhēn jiù fàng xīn le.

看图回答 그림 연상 학습

▶ 본문 내용을 숙지하여 다음 질문에 답하세요.

1. 美贞一边儿游览一边儿休息了吗?

2. 美贞什么时候觉得不舒服?

3. 美贞不舒服有什么症状?

4. 美贞是气病的还是累病的?

5. 图中美贞穿着睡衣还是病人服?

6. 我们什么情况下容易感冒?

7. 你感冒了都有什么症状？一般去医院还是药店?

症状 zhèngzhuàng 증상 | 气病 qìbìng 화병 | 病人服 bìngrénfú 환자복 | 情况 qíngkuàng 상황

▶ 본문 내용을 숙지하여 다음 질문에 답하세요.

1. 美贞最怕打针，为什么还去了医院?

2. 医生说美贞怎么了? 要马上住院吗?

3. 医生递给她药方说了什么?

4. 医生说除了按时吃药，还要注意什么?

5. 美贞看病后心里觉得怎么样? 为什么?

6. 你常感冒吗? 一年感冒几次?

7. 你平常怎么注意自己的健康?

住院 zhù yuàn 입원하다

常用会话 생활회화

1 请病假

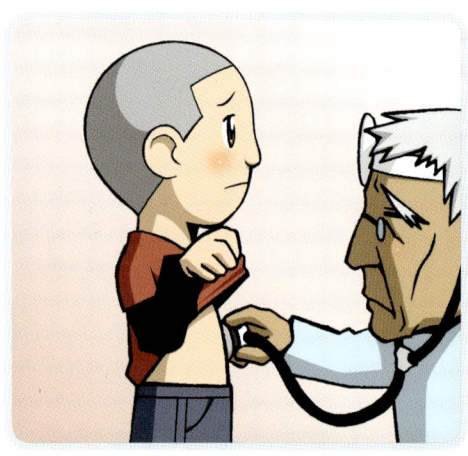

A：哪儿不舒服？
B：昨晚一直拉肚子，疼得要命。
A：我看看。挺严重的，最好打个点滴休息一天。
B：是吗？那我只好请病假了。

拉肚子 lā dùzi 설사하다 | 要命 yào mìng 심하다 | 打点滴 dǎ diǎndī 링거를 맞다 | 病假 bìngjià 병가

2 怕打针

A：护士，您轻点儿，我怕疼。
B：这么大人了还怕疼？
A：哎哟。打完了吗？
B：完了，多走动，别坐着。

大人 dàren 성인, 어른 | 走动 zǒudòng 움직이다

３ 好得慢

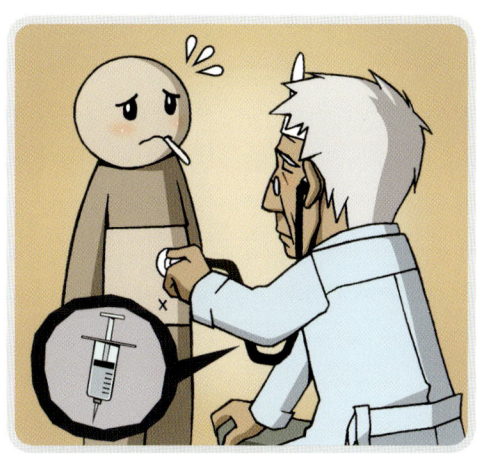

A：你感冒发烧，需要打针。
B：我没有时间，吃药不行吗？
A：最好打一针，不然好得慢。
B：那好吧。

不然 bùrán 그렇지 않으면

４ 量体温

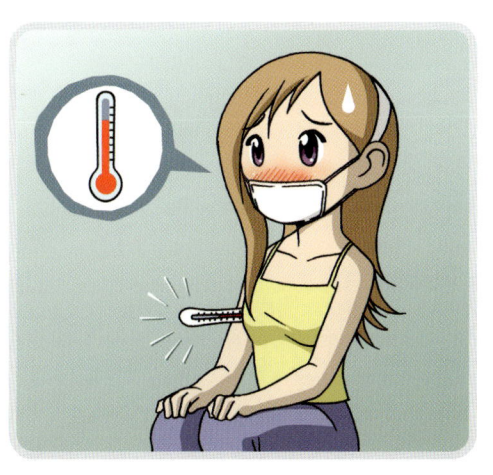

A：医生，我可能发烧了。
B：量过体温了吗？
A：护士给了我体温计，我在量呢。
B：先量好体温再进来吧。

体温计 tǐwēnjì 체온계

自由表达 자유표현

1. 你怎么看男护士这个职业?

   职业 zhíyè 직업

2. 你觉得护士这个职业怎么样?

3. 你喜欢工作（上学）还是放假?

4. 你认为感冒打针一定会好得快吗?

5. 你要做长时间坐着的工作还是到处走动的工作?

   到处 dàochù 도처, 곳곳

语法 어법 포인트

1 回到宿舍，她又忙着收拾房间。

동사 앞의 '忙着'는 '…하느라 바쁘다'라는 뜻으로, 뒤에 오는 동사가 원인을 나타낸다.

- 妈妈忙着做晚饭呢。 어머니는 저녁을 하느라 바쁩니다.
- 我最近忙着准备考试。 저는 요즘 시험 준비로 바쁩니다.

考试 kǎoshì 시험

2 医生还递给她一张药方。

전치사 '给'가 결과보어로 쓰이면 '…에게 주다, 바치다'의 의미가 된다.

- 把礼物送给老师。 선물을 선생님께 드립니다.
- 你能借给我钱吗? 제게 돈을 빌려줄 수 있습니까?

3 医生叫她回去按时吃药。

'叫'는 '…하게 하다'는 의미로 사역동사가 되어 어떤 동작이나 작용을 일으키는 것을 나타낸다.

- 你快叫他拿来。 당신이 어서 그에게 가져오라고 하세요.
- 妈妈叫我来吃饭。 엄마가 제게 밥 먹으러 오라고 했습니다.

4 感冒难受是难受，但不很严重，美贞就放心了。

동사 '是' 앞뒤에 같은 내용을 두어 '…하기는 …한데'라는 의미를 나타낼 수 있으며, 전환 관계를 나타내는 접속사 '不过, 可(是), 但(是)' 등을 사용하여 뒷절과 연결한다.

- 好是好，不过有点儿贵。 좋기는 좋은데 좀 비쌉니다.
- 想去是想去，但我没时间。 가고 싶기는 하나 시간이 없습니다.

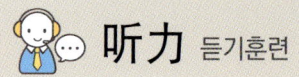 듣기훈련

第一部分 대화를 듣고 질문에 알맞은 답을 고르세요.

1. A 有事儿　　　　B 非常忙　　　　C 身体不好

2. A 吃药就好了　　B 要吃药打针　　C 再休息几天

3. A 女的　　　　　B 男的　　　　　C 男女都是

4. A 发烧了　　　　B 累病了　　　　C 得住院

5. A 老师和学生　　B 老板和职员　　C 医生和病人

第二部分 문장을 듣고 질문에 알맞은 답을 고르세요.

1. A 吃了　　　　　B 没吃　　　　　C 不清楚

2. A 全身酸痛　　　B 吃不下饭　　　C 常去洗手间

3. A 要帮助病人　　B 给病人打针吃药　C 工作时间不一定

4. A 送朋友　　　　B 接妹妹　　　　C 见爸爸妈妈

5. A 打点滴　　　　B 打针吃药　　　C 躺着睡觉

练习 연습문제

1 빈칸에 알맞은 단어를 보기 에서 고르세요.

> 보기　　A 收拾　　B 难受　　C 放心　　D 酸痛

① A：每次爬山回来都觉得很舒服。
　　B：我跟你不一样，我每次都觉得全身_____。

② A：你女儿在美国留学，她对美国很熟悉了吧。
　　B：熟悉是熟悉，不过一个女孩子我还是不_____。

③ A：家庭主妇每天要做的事情真多。
　　B：做饭、带孩子、洗衣服以外，还要_____两三个房间。

2 다음 문제와 연관된 문장을 보기 에서 고르세요.

> 보기　　A. 你感冒都好了吗?
> 　　　　B. 你昨天怎么没来上课?
> 　　　　C. 我刚打完点滴想躺一躺。
> 　　　　D. 去了急诊室，现在不发烧了。

① 好多了，现在只咳嗽。　　　　　　　　（　）

② 昨天突然肚子疼，拉肚子了。　　　　　（　）

③ 听说东东发烧了，去没去医院?　　　　（　）

④ 你不能总躺着，起来走动走动吧。　　　（　）

 阅读 단문독해

1

女朋友感冒没来上课，我心急想去看她。不巧，她父母今天都在家。我只好发了短信叫她注意身体，按时吃药，多休息别再熬夜。但到现在她都没回我短信。

★ 可以知道女朋友怎么病了？

A 经常熬夜　　　　B 心急生病　　　　C 不按时吃药

2

有一次，我发烧了，妈妈给我量了体温后，马上背着我去医院。在路上，我躺在妈妈的背上，心想："平常觉得去医院的路挺短的，可是今天怎么这么远！"到了医院，妈妈放心了，我也安定下来了。可怜天下父母心！父母对我们那么好，我们一定要报答他们，感谢他们。

★ 今天觉得去医院的路怎么样？

A 很近　　　　B 很长　　　　C 不远不近

★ 通过这段话可以知道：

A 妈妈的背最舒服　　B 做父母的很可怜　　C 到了医院妈妈才放心

心急 xīn jí 초조하다, 조마조마하다 | 熬夜 áo yè 밤샘하다, 철야하다 | 回信 huí xìn 답장하다 | 背 bēi 등, 업다 | 安定 āndìng 안정되다 | 可怜天下父母心 kělián tiānxià fùmǔ xīn 세상에서 가장 애처로운 것이 부모의 마음 | 报答 bàodá 보답하다

07

淡季旅游
비수기 여행

旅游旺季去哪儿人都多。
성수기에는 어디를 가든 사람이 많다.

酒店都有哪些服务?
호텔에는 어떤 서비스들이 있습니까?

 课文 본문

在中国，旅游旺季去哪儿人都多，所以美贞都等淡季再去旅游。她在网上找来找去，这次决定去青岛自助游，于是她预订了火车票和饭店。出发那天，还在火车站的咨询中心，拿了一本旅游指南。

饭店离火车站有点儿远，但在市区很方便。淡季的单人间房价是一天二百三十元。行李员帮她拿行李，带她去了房间。这饭店虽然不豪华，但住起来很舒服，而且退房时间是下午两点。

美贞在青岛逛了三天两夜。啤酒街给她留下了很好的印象。

生词

☐ 青岛	Qīngdǎo	(地) 칭다오
☐ 预订	yùdìng	예약하다
☐ 出发	chūfā	출발하다
☐ 咨询中心	zīxún zhōngxīn	안내 센터
☐ 指南	zhǐnán	지침서, 가이드북
☐ 市区	shìqū	시내
☐ 房价	fáng jià	객실 가격
☐ 行李员	xíngliyuán	벨보이
☐ 豪华	háohuá	호화롭다
☐ 退房	tuì fáng	체크아웃하다
☐ 留	liú	남기다
☐ 印象	yìnxiàng	인상

    Zài Zhōngguó, lǚyóu wàngjì qù nǎr rén dōu duō, suǒyǐ Měizhēn dōu děng dànjì zài qù lǚyóu. Tā zài wǎng shàng zhǎo lái zhǎo qù, zhè cì juédìng qù Qīngdǎo zìzhùyóu, yúshì tā yùdìngle huǒchēpiào hé fàndiàn. Chūfā nà tiān, hái zài huǒchēzhàn de zīxún zhōngxīn, nále yì běn lǚyóu zhǐnán.

    Fàndiàn lí huǒchēzhàn yǒudiǎnr yuǎn, dàn zài shìqū hěn fāngbiàn, dànjì de dānrénjiān fáng jià shì yì tiān èrbǎi sānshí yuán. Xíngliyuán bāng tā ná xíngli, dài tā qùle fángjiān. Zhè fàndiàn suīrán bù háohuá, dàn zhù qǐlai hěn shūfu, érqiě tuì fáng shíjiān shì xiàwǔ liǎng diǎn.

    Měizhēn zài Qīngdǎo guàngle sān tiān liǎng yè. Píjiǔjiē gěi tā liúxià le hěn hǎo de yìnxiàng.

看图回答 그림 연상 학습

▶ 본문 내용을 숙지하여 다음 질문에 답하세요.

1. 美贞都等什么时候去旅行？为什么？

2. 美贞这次和谁要去哪儿旅游？

3. 美贞找旅行社订了火车票和饭店吗？

4. 美贞订的饭店在火车站附近吗？

5. 美贞住的房间是多少钱的？原价还是特价？

6. 你喜欢淡季旅游还是旺季旅游？

7. 最近一次的旅游，你是找旅行社安排的还是自己安排的？

旅行社 lǚxíngshè 여행사 | 原价 yuánjià 원가, 정가 | 特价 tèjià 특가, 특별 할인 가격

▸ 본문 내용을 숙지하여 다음 질문에 답하세요.

1. 图中穿红衣服戴红帽子的人是谁？他是做什么的？

2. 美贞觉得房间怎么样？退房时间是十二点吗？

3. 美贞在青岛玩了几天？

4. 美贞对青岛的什么地方印象很好？

5. "印象"是说给人的感觉还是给人的希望？

6. 你订饭店的时候先看什么条件？（房价/交通/服务）

7. 你旅游过的地方，印象最好和最差的是哪儿？

戴 dài 착용하다 | 希望 xīwàng 희망 | 差 chà 나쁘다, 표준에 못 미치다

 **常用会话** 생활회화

❶ 叫醒服务

A：喂，你好，我需要叫醒服务。
B：请告诉我们您的房号和叫醒时间。
A：房号是708，时间是早上五点。
B：好的，到时一定叫醒您。

叫醒服务 jiàoxǐng fúwù 모닝콜 서비스 | 房号 fáng hào 방 번호

❷ 早餐菜单

A：请问，早餐提供什么?
B：我们酒店都是自助餐。
A：有豆浆和油条吗?
B：有。我们的早餐很丰富，中餐西餐都有。

提供 tígōng 제공하다 | 自助餐 zìzhùcān 뷔페 | 豆浆 dòujiāng 또우지앙 | 油条 yóutiáo 요우티아오 | 丰富 fēngfù 풍부하다 | 中餐 zhōngcān 중식 | 西餐 xīcān 양식

3 换房间

A：我想换个房间。
B：您对入住的房间不满意吗?
A：外面有点儿吵。
B：请稍等，马上帮您解决。

入住 rùzhù 체크인, 입주

4 无线网

A：请问，有房间吗?
B：刚好有客人退房，请先登记。
A：房间里有无线网吧?
B：有。网速很快，包您满意。

刚好 gānghǎo 때마침 | 登记 dēngjì 등록, 체크인 | 无线网 wúxiànwǎng 와이파이, 무선 인터넷 | 网速 wǎngsù 인터넷 속도 | 包 bāo 보장, 보증하다

自由表达 자유표현

1. 你每天早上都自己醒还是谁叫醒你?

2. 如果没有无线网会有什么不方便?

3. 你每天吃早餐吗? 吃米饭还是面包?

4. 韩国酒店的入住时间和退房时间都是几点?

5. 如果入住房间里的空调坏了, 你怎么跟服务员说?

语法 어법 포인트

1 美贞都**等**淡季**再**去旅游。

동작의 전후 순서를 나타내거나 어떤 일이 일어난 후에 동작을 진행하겠다는 의미를 나타낼 때는 `等` + `A` + `再` + `B` 의 형식을 사용한다.

- 等爸爸回来再吃饭。 아버지가 돌아오면 밥을 먹습니다.
- 等有了房子再买车。 집이 생기면 차를 구입할 것입니다.

2 在网上**找来找去**，这次决定去青岛自助游。

`A` + `来` + `A` + `去` 의 형식을 사용하면 동작이 여러 번 반복됨을 나타낼 수 있다.

- 爸爸在客厅里走来走去。 아버지는 거실에서 왔다갔다 합니다.
- 妈妈看来看去也没有满意的。 어머니는 이리저리 살펴보았지만 마음에 드는 것이 없었습니다.

3 啤酒街给她**留下**了很好的印象。

결과보어 '下'는 동작의 완성이나 결과로 고정되거나 안착되는 느낌을 나타낸다.

- 这里只留下了我们几个人。 여기에는 우리 몇 사람만 남겨졌습니다.
- 大公司又买下了一家小公司。 큰 회사가 또 작은 회사 한 곳을 매입하였습니다.

4 网速很快，**包**您满意。

'包'는 '싸다, 포장하다' 또는 '봉지, 꾸러미'의 뜻이지만, '包你…'의 형식으로 사용하면 '상대방에게 …을(를) 보장하다, 보증하다'는 의미가 된다.

- 看了，包你笑得肚子疼。 보면 배 터지게 웃을 것입니다.
- 我们店里的女包，包您喜欢。 우리 상점의 여성용 가방이 틀림없이 맘에 들 것입니다.

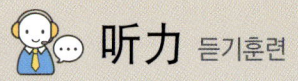
听力 듣기훈련

第一部分 대화를 듣고 질문에 알맞은 답을 고르세요.

1. A 他爸爸　　　B 他妈妈　　　C 他自己醒
2. A 拿行李　　　B 送早餐　　　C 叫醒服务
3. A 房价不贵　　B 四星级的　　C 服务特好
4. A 这个月　　　B 下个月　　　C 什么时候都有
5. A 看不懂菜单　B 找不到餐厅　C 听不懂汉语

第二部分 문장을 듣고 질문에 알맞은 답을 고르세요.

1. A 点菜　　　　B 说汉语　　　　C 做中国菜
2. A 网速快不快　B 有没有无线网　C 咖啡好不好喝
3. A 早餐　　　　B 午餐　　　　　C 晚餐
4. A 爸爸叫醒我　B 奶奶叫醒我　　C 手机叫醒我
5. A 学费太贵　　B 想去外国旅游　C 要给老师好印象

练习 연습문제

1 빈칸에 알맞은 단어를 보기 에서 고르세요.

> 보기　　A 印象　　B 退房　　C 淡季　　D 预订

① A：房间已经帮您＿＿＿＿＿＿好了。

　　B：谢谢，你做事真快！

② A：现在是旺季，机票饭店都不好订。

　　B：是啊。所以我都等＿＿＿＿＿＿再去旅游。

③ A：你好像认识他。

　　B：我和他聊过，他给人的＿＿＿＿＿＿很好。

2 다음 문제와 연관된 문장을 보기 에서 고르세요.

> 보기　　A. 饭店豪华吗?
> 　　　　B. 等爸妈回来再出去。
> 　　　　C. 在网上找到了没有?
> 　　　　D. 没有地图，有旅游指南。

① 这儿有青岛地图吗?　　　　　　　　　　(　　)

② 我们什么时候出去?　　　　　　　　　　(　　)

③ 不豪华，但安静舒服。　　　　　　　　　(　　)

④ 我找来找去还是找不到。　　　　　　　　(　　)

阅读 단문독해

1

一般的航空公司、酒店、商店都会利用旅游淡季来打折。这样的旅游信息在网上、报上或咨询中心都可以得到,还能看到各地的旅游指南。

★ 淡季去旅游的好处是:

A 可以少花钱　　　B 能买到名牌包　　　C 能住豪华酒店

2

十一黄金周过去,天气越来越凉快,旅游淡季来了。很多酒店利用游客少的时候提升软硬件条件,也有些酒店利用淡季来装修。更有不少的酒店餐厅利用这期间推出冬季结婚客的"结婚餐"和天冷补身的"养生餐"。不过,冬天是东南亚旅游的旺季,所以这期间很多旅行社忙着安排东南亚旅游。

★ 这段话主要说什么?

A 黄金周　　　B 旅游淡季　　　C 结婚季节

★ 冬天是什么旺季?

A 装修　　　B 结婚　　　C 东南亚旅游

航空公司 hángkōng gōngsī 항공사 | 信息 xìnxī 정보 | 提升 tíshēng 업그레이드하다 | 软硬件 ruǎnyìngjiàn 하드웨어 및 소프트웨어 | 装修 zhuāngxiū 인테리어하다 | 推出 tuīchū 내놓다, 출시하다 | 结婚 jié hūn 결혼 | 补身 bǔ shēn 몸보신을 하다 | 养生 yǎngshēng 보양하다 | 东南亚 Dōngnán Yà (地) 동남아시아

08

不好意思空手去
빈손으로 가기 민망해요

空手去做客是不应该的。
빈손으로 방문해서는 안 된다.

请客吃饭要做些什么准备?
식사를 대접할 때 어떤 것들을 준비합니까?

　　美贞从青岛一回来就接到中国朋友张丹的电话。原来今天是张丹的生日，她请了王平和明浩来她家吃顿饭，不管怎么样让美贞一定过来。

　　美贞觉得空手去不好意思，但又不知道该买什么礼物。最后，在礼品店买了一对高级马克杯带过去了。

　　美贞初次在中国人家里做客，感觉很新鲜。张丹亲手做了四菜一汤，大家吃得很开心。饭后，王平和明浩准备了蛋糕，一起唱了生日歌。张丹让他们有空常来玩儿。

 生词 새로운 단어

- 原来　yuánlái　원래
- 不管　bù guǎn　관계없이, 막론하고
- 礼品　lǐpǐn　선물, 예물
- 对　duì　짝을 이루는 것을 세는 단위
- 高级　gāojí　고급
- 马克杯　mǎkèbēi　머그컵, mug
- 初次　chū cì　첫 번, 처음
- 亲手　qīnshǒu　손수, 직접
- 汤　tāng　탕, 국
- 开心　kāixīn　즐겁다
- 空　kòng　틈, 짬, 겨를

　　Měizhēn cóng Qīngdǎo yì huílai jiù jiēdào Zhōngguó péngyou Zhāng Dān de diànhuà. Yuánlái jīntiān shì Zhāng Dān de shēngrì, tā qǐngle Wáng Píng hé Mínghào lái tā jiā chī dùn fàn, bù guǎn zěnmeyàng ràng Měizhēn yídìng guòlai.
　　Měizhēn juéde kōngshǒu qù bù hǎoyìsi, dàn yòu bù zhīdao gāi mǎi shénme lǐwù. Zuìhòu, zài lǐpǐndiàn mǎile yí duì gāojí mǎkèbēi dài guòqu le.
　　Měizhēn chū cì zài Zhōngguó rén jiā lǐ zuò kè, gǎnjué hěn xīnxiān. Zhāng Dān qīnshǒu zuòle sì cài yì tāng, dàjiā chī de hěn kāixīn. Fàn hòu, Wáng Píng hé Mínghào zhǔnbèile dàngāo, yìqǐ chàngle shēngrì gē. Zhāng Dān ràng tāmen yǒu kòng cháng lái wánr.

看图回答 그림 연상 학습

▶ 본문 내용을 숙지하여 다음 질문에 답하세요.

1. 美贞什么时候接到张丹的电话？

2. 张丹为什么请客？她都请了谁？

3. 美贞空手去张丹家了吗？

4. 美贞在哪儿买了什么礼物？

5. 如果你是美贞，你觉得张丹的电话是好消息吗？

6. 你的生日是几月几日？你想得到什么礼物？

7. 你怎么给朋友过生日？

消息 xiāoxi 소식 | 请客 qǐng kè 손님을 초대하다, 한턱내다

▶ 본문 내용을 숙지하여 다음 질문에 답하세요.

1. 张丹在家请客还是在餐厅请客?

2. 张丹准备了家常菜还是大餐？是谁做的?

3. 美贞常来张丹家做客吗？感觉怎么样?

4. 饭后，他们做什么了?

5. 最后张丹跟他们说了什么?

6. 朋友来你家做客，你要做些什么准备?

7. 请说说最近让你开心的一件事。

大餐 dàcān 성찬, 잔치 요리

常用会话 생활회화

1 做客

A：伯父伯母好！我是王平的朋友，李美贞。
B：欢迎欢迎！随便坐。
A：这是韩国特产，送给您二位。
B：你太客气了。

伯父 bófù 어르신, 아저씨 | 伯母 bómǔ 아주머니 | 随便 suíbiàn 좋을 대로, 편한 대로

2 做菜手艺

A：这道鱼真好吃，是你自己做的?
B：是我亲手做的。
A：手艺不错，你能教我怎么做吗?
B：没问题，做起来很简单。

道 dào 요리의 코스를 세는 단위 | 鱼 yú 생선

③ 喝酒

A: 来，再来一杯！
B: 不行，再喝就醉了。
A: 你不是海量吗？
B: 谁说的？

醉 zuì 취하다 | 海量 hǎiliàng 술고래

④ 该回去了

A: 我该走了，谢谢你的招待。
B: 我送你到车站。
A: 留步，你还有客人，别麻烦了。
B: 那我就不送了，慢走。

招待 zhāodài 초대하다, 접대하다 | 留步 liúbù 나오지 마세요, 들어가세요 | 慢走 mànzǒu 살펴 가세요

自由表达 자유표현

1. 一般人什么时候想喝酒？

2. 你们家谁做菜的手艺比较好？

3. 韩国人一般什么时候请客？可以空手去吗？

4. 你爱喝烧酒还是啤酒？能喝多少？酒量大吗？

烧酒 shāojiǔ 소주 | 酒量 jiǔliàng 주량

5. 如果你的中国朋友来做客，你打算怎么招待？

语法 어법 포인트

1 原来今天是张丹的生日。

새롭게 알게 된 사실을 이야기할 때 '原来'를 사용하여 '알고 보니'라고 표현할 수 있다.

- 原来是你唱的。 알고 보니 당신이 불렀군요.
- 怎么这么凉快，原来开空调了。 왜 이리 시원한가 했더니, 에어컨을 켰군요.

2 张丹不管怎么样让美贞一定过来。

'不管'은 '…에 관계없이, …을(를) 막론하고'의 뜻으로 의문대명사와 함께 쓰여 '어쨌든, 무엇이든, 어디든' 등의 의미를 나타낸다.

- 不管谁都要参加。 누구를 막론하고 모두 참석해야 합니다.
- 不管怎么说我还是去。 뭐라고 하든지 저는 그래도 갑니다.

3 不行，再喝就醉了。

'再'는 가정문에서 '再…就(要)…'의 형식으로 쓰여 '이 이상 …한다면 …할 것이다'라는 의미가 된다.

- 八点了！再不走就迟到了。 여덟 시에요! 지금 안 가면 지각하게 될 것입니다.
- 别夸了，再夸我就不好意思了。 그만 하시죠, 계속 칭찬하시면 민망해집니다.

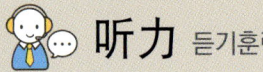 听力 듣기훈련

第一部分 대화를 듣고 질문에 알맞은 답을 고르세요.

1. A 一顿饭　　　　　B 两顿饭　　　　　C 三顿饭

2. A 是海量　　　　　B 不是海量　　　　C 不太清楚

3. A 明天请客　　　　B 明天有空　　　　C 明天没空

4. A 看起来好吃　　　B 做起来简单　　　C 吃起来一般

5. A 老师　　　　　　B 男的　　　　　　C 女的

第二部分 문장을 듣고 질문에 알맞은 답을 고르세요.

1. A 他找到房子　　　B 他要出国留学　　C 他换了新工作

2. A 自己试做　　　　B 打包回家　　　　C 再点一样的

3. A 喝酒是坏事　　　B 喝酒也不醉　　　C 喝醉就很麻烦

4. A 空手回来　　　　B 新鲜水果　　　　C 生日蛋糕

5. A 酒店的早餐　　　B 酒店的服务　　　C 酒店的客人

练习 연습문제

1 빈칸에 알맞은 단어를 보기 에서 고르세요.

> 보기   A 不管   B 原来   C 初次   D 亲手

① A：下雨天你还出去运动?

　B：＿＿＿＿＿＿什么天气我都去。

② A：你们见了面怎么不说话呢?

　B：＿＿＿＿＿＿见面不知道该说什么。

③ A：他是日本人，但大家都以为是中国人。

　B：＿＿＿＿＿＿他不是中国人啊。

2 다음 문제와 연관된 문장을 보기 에서 고르세요.

> 보기   A. 你一定要来。
> 　　　　B. 这羊肉真新鲜。
> 　　　　C. 她做菜的手艺很好。
> 　　　　D. 朋友生日买什么好呢?

① 不管有没有时间，　　　　　　　　　（　　）

② 她每次请客都亲手做。　　　　　　　（　　）

③ 早上去肉店刚买来的。　　　　　　　（　　）

④ 你到对面的礼品店去看看吧。　　　　（　　）

 阅读 단문독해

1

　　初次做客，一定要带点儿东西，茶叶、果篮或特产、名酒都行。不管怎么样，空手是不好看的。而且送礼还会给主人留下好印象。

★ 做客一定要：

　　A 送名酒　　　　　　B 带礼物　　　　　　C 留下好印象

2

　　中国茶的种类很多，但中国人最爱喝绿茶。绿茶不仅可以减肥，还可以美容。中国人爱喝茶的原因是它能减少疲劳和压力。喝茶的好处多，但不能喝太多，喝多了会影响睡眠的。

★ 通过这段话可以知道中国人：

　　A 爱喝茶　　　　　　B 爱减肥　　　　　　C 爱睡眠

★ 下面哪个不是喝茶的好处？

　　A 减少压力　　　　　B 美容减肥　　　　　C 影响睡眠

果篮 guǒlán 과일 바구니 | 主人 zhǔrén 주인 | 种类 zhǒnglèi 종류 | 绿茶 lǜchá 녹차 | 美容 měiróng 미용 | 减少 jiǎnshǎo 감소하다 | 疲劳 píláo 피로 | 影响 yǐngxiǎng 영향을 주다 | 睡眠 shuìmián 잠, 수면

附录 부록

해석

第一课 飞到北京去 베이징으로 날아가다

课文 본문

이미정은 한국인입니다. 그녀는 비록 중문과 아니지만, 한자를 즐겨 쓰고, 중국 영화 보는 것과 중국 노래를 듣는 것도 좋아합니다. 뿐만 아니라 주말과 방학을 이용해 학원에서 반년간 중국어를 배웠습니다. 지금 그녀는 중국어에 대해 갈수록 흥미를 느끼고 있으며, 배우면 배울 수록 중국어가 더 좋아집니다. 그녀는 중국어를 잘 배우려면 중국으로 가는 것이 가장 좋다고 여겼고, 그녀의 부모님도 허락하셨습니다. 그래서 미정은 비행기를 타고 베이징으로 왔습니다.

그녀의 학교 선배 김명호는 베이징에서 유학을 하고 있습니다. 그는 그녀를 맞으러 운전해서 공항까지 왔을 뿐 아니라, 그녀를 데리고 등록하러 학교에 가고, 그녀를 유학생 기숙사까지 바래다 주는 등, 모든 것을 그녀를 위해 잘 마련해주었습니다.

常用会话 생활회화

1. 약속

A: 내일 누가 배웅하러 공항에 오니?
B: 오빠가 배웅할 거야.
A: 오전 9시 40분 비행기, 맞지? 내가 마중 갈게.
B: 응. 그럼 우리 공항에서 만나, 내가 애프터눈 티 살게.

2. 친구 마중

A: 오래간만이야, 오느라 고생했어.
B: 바쁠 텐데, 어떻게 시간을 내서 마중하러 왔어?
A: 평일엔 바쁘지만, 일요일은 여유가 있는 걸. 잘 지냈지?
B: 그럼, 아주 잘 지냈어.

3. 오래간만입니다

A: 아직 나를 기억하니? 한국에서 함께 중국어를 공부했었는데.
B: 생각났어, 김명호잖아. 예전보다 뚱뚱해졌네!
A: 응, 다들 그러더라. 다이어트해야겠어.
B: 사실, 살찌니까 더 젊어 보여.

4. 유학하러 오다

A: 언제 중국에 왔어?
B: 한 일년 반 정도 됐어.
A: 여행하러 온 거야 아니면 일하러 온거야?
B: 둘 다 아니야, 유학하러 왔어. 중국어 실력을 향상시키고 싶어서.

第二课 韩国吹汉风 한국에 부는 중국어 바람

课文 본문

중국에 "한류"가 있다면, 한국에는 "중국어붐"이 일고 있습니다. 한국에서 중국어는 마치 바람이 부는 것처럼 갑자기 유행하기 시작했습니다. 중국어를 공부하는 사람은 갈수록 많아졌고, 많은 젊은이들이 공부하러 중국에 갑니다.

미정도 베이징 대학에 와서 중국어 연수를 합니다. 개학한지 얼마 되지 않아, 그녀는 학교에서 양메이라는 중국인 친구를 알게 되었습니다. 양메이는 그녀가 중국어를 한국 선생님께 배웠다는 말을 듣고는, 그녀가 발음이 좋고 다른 외국인들보다 중국어를 더 잘한다고 계속 칭찬했습니다. 양메이의 칭찬을 듣고 나니, 미정은 기쁘기도 하고 쑥스럽기도 했지만, 앞으로 더 열심히 공부하기로 했습니다.

常用会话 생활회화

1. 중국어를 할 수 있다

A: 나는 네가 중국어를 못하는 줄 알았어.
B: 조금 할 줄 알지만, 잘 하지는 못해.
A: 언제 배운 거야?
B: 여유 시간을 이용해서 혼자 공부했어.

2. 중국을 좋아하다

A: 왜 중국어를 공부했어?
B: 업무적으로 필요해서, 중국을 이해하고 싶었어.
A: 그럼 중국을 좋아해?
B: 당연히 좋아하지, 특히 중국 문화가 좋아.

3. 중국어는 재미있어

A: 오래간만이네. 듣자 하니 중국어를 재미있게 배우고 있다면서.
B: 재미있어, 조금 어려워서 그렇지.
A: 뭐가 어려운데?
B: 작문이 가장 어려워, 늘 글자를 틀리게 써.

4. 진보가 빠르다

A: 중국어 실력이 많이 늘었네!

B: 고마워. 과찬인 걸.
A: 중국어를 공부할 때 어떤 좋은 방법이 있니?
B: 많이 듣고 많이 말해야지, 늘 중국인과 이야기해.

第三课 人生地不熟 낯설고 물설다

课文 본문

일요일 아침, 미정은 기숙사에서 숙제를 다 끝내고 무료해져서, 나가서 구경을 좀 하면서 쇼핑도 좀 하고자 했습니다. 룸메이트는 그녀에게 치엔먼으로 가라고 제안하면서, 그곳은 상점이 많아서 무엇이든 살 수 있다고 했습니다. 미정은 베이징이 낯설고, 어디가 어디인지도 알 수 없었지만, 함께 가줄 사람도 없어서, 혼자서 가보는 수 밖에 없었습니다. 미정은 한참을 걸었는데도 치엔먼을 찾을 수 없어서, 행인에게 어떻게 가는지 물었습니다. 행인은 앞 길목에서 우측으로 돌아 쭉 걸어가면 바로라고 알려주었습니다. 미정은 그곳에 서점이 있는지도 물었지만, 그는 잘 알지 못한다고 했습니다.
치엔먼에 도착해서 서점을 찾은 미정은, 먼저 중한사전 한 권을 사고, 그런 다음 천천히 구경하기 시작했습니다.

常用会话 생활회화

1. 자판기
A: 실례합니다, 이 부근에 마트가 있나요?
B: 앞에서 좌측으로 돌면 하나 있어요.
A: 거기에 자판기가 있나요?
B: 있어요. 마트 밖에 2대 있었던 것 같아요.

2. 찾기 쉽니 안 쉽니?
A: 지하철 역은 여기서 어떻게 가?
B: 이 길을 따라서 곧장 가면 바로 보여.
A: 찾기 쉽니 안 쉽니?
B: 날 따라와, 나도 마침 가는 길이야.

3. 환승
A: 베이징 서역에 가려면 어떻게 차를 타야 하죠?
B: 103번 버스를 타고, 치엔먼에서 26번으로 갈아타세요.
A: 직행은 없나요?
B: 여기는 없어요, 아니면 택시 타고 가세요

4. 응급실 찾기
A: 실례합니다. 응급실이 어디에 있죠?
B: 여기가 아니라, 후문 쪽에 있습니다.
A: 여기에서 어떻게 건너가죠?
B: 정문에서 돌아서 가면 됩니다.

第四课 逛街的乐趣 쇼핑의 즐거움

课文 본문

미정은 쇼핑을 좋아합니다. 그녀는 중국에서의 쇼핑이 마치 여행처럼 신선하고도 즐겁다고 느낍니다. 오늘 오후에 수업이 없어서, 미정은 새로 산 윗옷과 갈색 반바지를 입고 또 혼자서 쇼핑하러 나갔습니다.
바겐세일 중인 신발가게를 지나던 그녀는, 스타일이 좋은 노란색 운동화에 시선이 끌렸습니다. 그녀는 판매원에게 38 사이즈 한 켤레를 가져다 달라고 했지만, 유감스럽게도, 38 사이즈의 노란색 운동화는 벌써 다 팔렸습니다. 판매원은 그녀에게 파란색을 추천하면서, 지금 30% 세일이라 최소 100 위안은 저렴하다고 했습니다. 미정이 신어보니 잘 맞기도 하고 생각보다 훨씬 편해서, 현금으로 이 파란색 운동화 한 켤레를 바로 샀습니다.

常用会话 생활회화

1. 걸으면서 구경하다
A: 여기 옷이 싼가요?
B: 비교적 싸요, 스타일도 꽤 세련되고요.
A: 그럼 우리 여기 좀 둘러봐요, 셔츠 사고 싶다고 하지 않았어요?
B: 맞아요. 우리 걸으면서 구경해요.

2. 컴퓨터를 사다
A: 우리 집 컴퓨터가 결국 망가졌어.
B: 그렇게 오래 됐는데, 벌써 망가졌어야 했어.
A: 내일 한 대 사러 중관춘에 갈 계획이야.
B: 내가 같이 가 줄게, 태플릿 PC도 좀 볼겸.

3. 무엇이든 다 맛있다
A: 다 먹을 수 없으면 우리 포장하자.
B: 그럴 필요 없어, 다 먹을 수 있어.
A: 이 집 만두가 그렇게 맛있어?
B: 배가 고플 정도로 구경을 했는데, 무엇이든 다

해석

맛있지!

4. 계산하다
A: 사장님, 계산이요!
B: 네, 전부 다해서 280위안입니다.
A: 카드 결제 되나요?
B: 죄송합니다, 저희는 현금만 받고, 신용카드는 받지 않습니다.

第五课 十一黄金周 국경절 황금 연휴
课文 본문

10월 1일은 국경절(중국 건국기념일)로, 학교가 7일간 방학합니다. 이렇게 긴 휴가에는 여행이 가장 어울립니다. 미정도 황금연휴에 놀러 나갈 생각입니다. 그녀는 중국 친구 왕핑에게 가이드를 부탁했는데, 왕핑이 흔쾌히 승낙했습니다.
왕핑은 미정에게 구궁, 티엔탄, 혹은 이허위안 중 어디에 가고 싶은지 물었습니다. 미정은 베이징에 오면 반드시 창청에 가봐야 한다면서, 먼저 창청에 오르고 싶다고 했습니다. 그래서, 휴가의 첫 번째 날 그들은 창청에 올라 사진을 많이 찍었습니다.
명승고적 외에, 휴가 기간에 그들은 박물관, 베이징 올림픽 주경기장, 싼리툰 술집거리, 798 예술단지 등에도 갔습니다. 미정은 요 며칠간의 여행으로 중국을 더욱더 좋아하게 되었고, 심지어 중국 마니아가 되어버렸습니다.

常用会话 생활회화

1. 여행 계획
A: 여름방학 때 상하이에 다녀왔다면서?
B: 맞아, 다음에는 유럽에 갈 생각이야.
A: 혼자서 가면 무섭지 않아?
B: 조금, 그래서 단체 여행으로 가야 하나 생각 중이야.

2. 티엔안먼 광장
A: 여기가 바로 티엔안먼 광장이구나! 진짜 크네!
B: 오른쪽은 국가 박물관이고, 왼쪽은 인민대회당이야.
A: 치엔먼은 어디 있지?
B: 남쪽으로 가면 바로 치엔먼이야.

3. 가볼 만 하다
A: 구궁, 창청 외에, 또 어떤 곳들이 가볼 만 해?
B: 많지, 티엔탄, 이허위안, 롱칭샤, 다 괜찮아.
A: 티엔탄에 가본 적 있어?
B: 없어, 텔레비전에서만 봤어.

4. 창청에 오르다
A: 창청에 가본 적 있어?
B: 당연하지, 창청에 이르지 못하면 대장부가 아니잖아.
A: 창청에 오르는 건 힘들지 않아?
B: 왜 안 힘들어, 그래서 많은 사람들이 케이블카를 타고 올라가.

第六课 感冒好难受 감기는 정말 괴로워
课文 본문

며칠간 계속된 여행으로, 미정은 거의 쉬지 못했습니다. 기숙사로 돌아와서도, 그녀는 숙제하고 방을 정리하느라 바빠서, 결국 피곤에 지쳐 병이 났습니다. 휴가 마지막 날, 미정은 온몸이 쑤시고 아픈 것을 느꼈고, 콧물도 흐르고 기침도 했으며, 미열까지 조금 있었습니다. 그녀는 병원에 가고 싶지 않았는데, 왜냐하면 주사 맞는 것을 가장 두려워하기 때문입니다. 하지만 내일 수업을 들어야 한다는 생각이 들자, 병원에 가지 않을 수 없었습니다. 의사는 유행성 감기라고 하면서, 그녀에게 주사 한 대를 놓고, 또 처방전 하나를 주면서, 돌아가서 제때 약을 먹으라고 했습니다. 그 외에도, 물을 많이 마시고, 충분히 쉬고, 무리해서 운동하지 말라고 주의를 주었습니다.
감기로 괴롭기는 했지만, 심각하지는 않아서, 미정은 안심했습니다.

常用会话 생활회화

1. 병가를 내다
A: 어디가 불편하세요?
B: 어젯밤에 계속 설사를 했어요, 아파서 죽을 것 같아요.
A: 좀 봅시다. 꽤 심각하네요, 링거 맞고 하루 쉬는 게 좋겠어요.
B: 그래요? 그럼 병가를 신청하는 수 밖에 없겠군요.

2. 주사 맞는 건 두려워

A: 간호사님, 좀 살살 해주세요, 아플까 겁나요.
B: 다 큰 어른이 아직도 아픈 게 무서워요?
A: 아야, 다 놨나요?
B: 끝났어요, 많이 움직이세요, 앉아계시면 안돼요.

3. 회복이 느려요

A: 감기에 걸려서 열이 나네요, 주사 맞으셔야 합니다.
B: 주사 맞지 않고, 약만 먹으면 안 될까요?
A: 주사 맞는 게 좋아요, 그렇지 않으면 회복이 느립니다.
B: 그럼 그렇게 하죠.

4. 체온을 재다

A: 의사 선생님, 저 열이 있는 것 같아요.
B: 체온은 쟀나요?
A: 간호사가 체온계를 줘서, 지금 재고 있습니다.
B: 우선 체온부터 재고 들어오세요.

第七课 淡季旅游 비수기 여행

课文 본문

중국에서는, 여행 성수기엔 어디를 가도 사람이 많아서, 미정은 비수기까지 기다려 여행을 갔습니다. 그녀는 인터넷에서 여기저기 찾아보고, 이번에는 칭다오로 자유 여행을 가기로 결정했습니다. 그래서 그녀는 기차표와 호텔을 예약했습니다. 출발하는 날에는, 기차역의 안내 센터에서 여행 가이드북도 한 권 챙겼습니다.
호텔은 기차역에서 조금 멀지만, 시내에 있어서 편리합니다. 비수기의 1인실 가격은 하루에 230위안입니다. 벨보이는 그녀를 도와 짐을 들고서, 방까지 안내해주었습니다. 이 호텔은 비록 화려하지는 않지만, 묵기에는 편안하였고, 게다가 체크아웃 시간이 오후 2시였습니다.
미정은 칭다오에서 2박 3일간 구경하였습니다. 맥주거리가 그녀에게 좋은 인상을 남겼습니다.

常用会话 생활회화

1. 모닝콜 서비스

A: 여보세요, 안녕하세요, 모닝콜 서비스가 필요해서요.
B: 저희에게 방 번호와 모닝콜 시간을 알려주십시오.
A: 방은 708호이고, 시간은 아침 5시입니다.
B: 알겠습니다. 시간에 맞춰 모닝콜 해드리겠습니다.

2. 아침 메뉴

A: 저기요, 아침 메뉴는 무엇인가요?
B: 저희 호텔은 모두 뷔페식입니다.
A: 또우지앙과 요우티아오는 있나요?
B: 있습니다. 저희는 아침식사가 풍성해요, 중식 양식 모두 있습니다.

3. 방을 바꾸다

A: 방을 좀 바꾸고 싶은데요.
B: 체크인하신 방이 만족스럽지 못하신가요?
A: 밖이 좀 시끄러워서요.
B: 잠시만 기다려주세요, 바로 해결해 드리겠습니다.

4. 무선인터넷

A: 실례합니다, 방 있나요?
B: 마침 퇴실하신 손님이 계시네요, 먼저 등록 부탁드립니다.
A: 방에 무선인터넷 되지요?
B: 그럼요. 속도가 빨라서 만족하실 겁니다.

第八课 不好意思空手去 빈손으로 가기 민망해요

课文 본문

미정은 칭다오에서 돌아오자마자 중국 친구 장단의 전화를 받았습니다. 알고 보니 오늘이 장단의 생일이라, 왕핑과 명호를 밥 먹으러 오라고 그녀의 집으로 초대했으니, 어쨌든 간에 미정도 반드시 건너오라는 것이었습니다.
미정은 빈손으로 가기 민망했지만, 또 어떤 선물을 사야 할지 몰라서, 결국 선물가게에서 고급 머그잔 한 쌍을 사서 가져갔습니다.
미정은 처음으로 중국인 가정에 방문한 것이라, 느낌이 신선했습니다. 장단은 직접 요리 네 가지와 탕을 준비했고, 모두들 즐겁게 식사했습니다. 식사 후에, 왕핑과 명호가 케이크를 준비해서 함께 생일 축하 노래를 불렀습니다. 장단은 여유가 있으면 자주 놀러 오라고 했습니다.

常用会话 생활회화

1. 방문

해석

A: 아저씨 아주머니 안녕하세요! 저는 왕핑의 친구 이미정이라고 합니다.
B: 환영해요, 편히 앉아요.
A: 이건 한국 특산품인데, 두 분께 드릴게요.
B: 너무 예의를 차렸네요.

2. 음식 솜씨
A: 이 생선 요리 정말 맛있어요, 직접 만든 건가요?
B: 제가 직접 만들었어요.
A: 솜씨가 좋네요, 어떻게 만드는지 가르쳐줄 수 있어요?
B: 그럼요, 만들기 쉬워요.

3. 술을 마시다
A: 자, 한잔 더!
B: 안돼요, 더 마시면 취할 거에요.
A: 당신 술고래 아니에요?
B: 누가 그래요?

4. 돌아가야 하다
A: 저는 가야겠어요, 초대해주셔서 감사합니다.
B: 제가 정류장까지 배웅하겠습니다.
A: 나오지 마세요, 아직 손님이 계시잖아요, 번거로운 일 만들지 마세요.
B: 그럼 안 나가겠습니다. 살펴 가세요.

답안

第一课 飞到北京去 베이징으로 날아가다

看图回答1 그림연상학습 1

1. 美贞不是中文系的，她怎么会说汉语？
   利用周末和寒暑假，她在补习班学过半年的汉语。
2. 美贞对汉语感兴趣吗？
   她对汉语越来越感兴趣，越学越喜欢。
3. 美贞为什么到中国来学汉语？
   她认为想学好汉语就最好到中国去。
4. 图中美贞是长头发还是短头发？
   是长头发。
5. 明浩和美贞熟不熟悉？
   明浩是美贞的学长，两个人很熟悉。
6. 他们是在仁川国际机场见面的吗？
   他们是在北京首都国际机场见面的。
7. 父母不答应的事情，你做不做？
   (自由回答)

看图回答2 그림연상학습 2

1. 美贞是来北京留学的还是来工作的？
   来北京留学的。
2. 明浩和美贞是兄妹关系还是学长学妹关系？
   他们是学长学妹关系。
3. 你觉得图中明浩开的车是自己的还是借的？
   (自由回答)
4. 图中明浩开车要去哪儿？
   他开车带美贞去学校。
5. 明浩带美贞去学校干什么？他送美贞到宾馆了吗？
   他带美贞去学校报名，并把美贞送到留学生宿舍。
6. 你觉得图中他们在聊什么？
   (自由回答)
7. 请说一说你学习汉语的经历。
   (自由回答)

听力 듣기훈련

第一部分

1. 男：你今天在不在家？我想去看你。
   女：欢迎欢迎！我下午都在家，你来吧。
   问：女的说她下午在哪儿？
   A. 在家
2. 男：欢迎你来中国，一路上辛苦了。
   女：不辛苦，一路上我睡得很好。
   问：女的为什么不辛苦？
   C. 睡得很好
3. 男：你明天要去中国了，有没有人接你？
   女：我的中国朋友说他要接我。
   问：女的说什么？
   B. 朋友接她
4. 女：你每天骑自行车来上班，辛苦吧？
   男：还行。骑自行车是很好的运动啊！
   问：男的说什么？
   C. 骑车是好运动
5. 女：听说你在学校外面租了房子，都安置好了吗？
   男：一切都安置好了，有时间来玩儿吧。
   问：男的安置好了什么？
   A. 住的房子

第二部分

1. 现在很多人都开车，交通变得越来越不方便，路上也越来越堵了。
   问：开车的人多了，什么不方便？
   C. 交通
2. 太胖的人减肥，不但会变漂亮，而且身体也会健康的。
   问：胖人减肥会怎么样？
   A. 身体健康
3. 下星期东东要去中国，可是他的中国朋友去了美国，不能去机场接他。
   问：东东去中国，谁去接他？
   A. 没人接他
4. 很多人喜欢到中国去工作，因为利用这个机会可以学好汉语。
   问：为什么很多人喜欢去中国工作？
   B. 能学好汉语
5. 很多人觉得出差很辛苦，特别是去远的地方，一坐飞机就要好几个小时。
   问：很多人觉得什么很辛苦？
   C. 坐飞机出差

练习 연습문제

1. ① A：你父母会让你去美国留学吗？
      B：美国太远，我想他们不会 C. 答应 的。
   ② A：一切都 A. 安置 好了，还需要什么可以找我。
      B：谢谢你，辛苦了。
   ③ A：春天了，我要 B. 利用 周末空闲时间做做运动。
      B：是啊，天气暖和，该锻炼锻炼了。

답안

2. ① 好的，我马上过去。
   B. 小王，你过来一下，好吗？
   ② 春天是旅游的好季节。
   A. 春天很暖和，就是常刮风。
   ③ 你的汉语学得怎么样？
   D. 刚学的时候很有意思，可越来越不好学。
   ④ 怎么没有时间？周末就可以啊。
   C. 平日工作，哪有时间学英语？

阅读 단문독해

1.

독서는 아주 좋은 습관이다. 여가 시간을 이용한 독서로, 많은 지식을 학습할 수 있고, 또한 독해와 작문 실력을 향상시킬 수 있다. 우리는 책을 읽어야 할 뿐 아니라, 좋은 책을 많이 읽어야 한다. 하지만 많은 사람이 이미 오래도록 책을 읽지 않고 있다.

★ 我们要读书，更要：A. 读好书

2.

우리 집에서 공항으로 가는 출근하는 길은, 길다면 길고 짧다면 짧지만, 나는 많은 것을 느낀다. 만약 평소보다 10분 서둘러 나선다면, 이 길은 전혀 막히지 않는다. 아버지께서 자주 하셨던 말씀이 기억난다. 일을 하는 데는 계획이 있어야 하고, 일찍 하는 것이 늦게 하는 것보다 언제나 낫다고 하셨는데, 이 말씀은 조금도 틀림이 없다. 게다가 이 길은 공기가 좋고, 경치가 아름답다. 나는 이곳의 오동나무와 소나무를 특히 좋아한다.

★ 这段话主要说什么？C. 上班路上的感受
★ 作者什么时候觉得爸爸说得话没错？
   B. 早出门上班时

第二课 韩国吹汉风 한국에 부는 중국어 바람

看图回答1 그림연상학습 1

1. "汉风"是说汉语风还是中国风？
   "汉风"就是汉语风。
2. "一下子"是长时间还是短时间的意思？
   "一下子"是短时间的意思。
3. 美贞是什么时候在哪儿认识杨梅的？
   开学不久，她在学校里认识了杨梅。
4. 你觉得她们在校园里聊天还是在公园里聊天？
   （自由回答）
5. 美贞以前的汉语老师是哪国人？是男的还是女的？
   她以前的汉语老师是韩国人，是男的。
6. 你和朋友最近都聊些什么？
   （自由回答）
7. 你认为现在"韩流"更火还是"汉风"更火？
   （自由回答）

看图回答2 그림연상학습 2

1. 图中谁夸谁？夸什么？
   杨梅夸美贞，夸她的发音不错。
2. 杨梅觉得美贞的汉语说得怎么样？
   杨梅觉得她汉语说得比其他外国人还好。
3. 美贞听了杨梅说的话觉得怎么样？她要努力还是放弃？
   美贞又高兴又不好意思，她以后更要努力。
4. 有人夸你的时候，该说"当然"还是"哪里哪里"？
   该说：哪里哪里。
5. 你常听到哪些夸奖？
   （自由回答）
6. 现在到中国去学习的人，大部分是青少年还是年轻人？
   （自由回答）
7. 请说说现在韩国都流行什么？
   （自由回答）

听力 듣기훈련

第一部分

1. 女：你为什么学汉语？
   男：我喜欢中国，我想了解中国。
   问：男的为什么学汉语？
   A. 想了解中国
2. 男：我觉得汉语很难，你觉得怎么样？
   女：有点儿难，可是我觉得很有意思。
   问：女的觉得学汉语怎么样？
   A. 很有意思
3. 男：我们高中的英文老师，你还记得吗？
   女：我当然记得，我们都喜欢听他的课。
   问：男的和女的在谈什么？
   B. 英文老师
4. 女：你的汉语发音很不错，是在哪儿学的？
   男：我是在韩国跟中国老师学的。
   问：女的夸男的什么？
   C. 汉语发音好
5. 女：你们的汉语老师怎么样？
   男：他的发音很好，而且像爸爸一样很关心我们。

问：汉语老师是男的还是女的？
A. 男的

第二部分

1. 上小学的时候，早上我们经常在公共汽车站见面一起去学校。
   问：我们什么时候一起去了学校？
   A. 上小学时

2. 离开学校都快十年了，今天很高兴在路上见到了我的小学英语老师。
   问：我在路上见到谁了？
   B. 小学英语老师

3. 东东没有空闲时间，因为他有自己的公司，周六周日也不休息。
   问：东东是做什么的？
   C. 公司老板

4. 很多外国人只会说汉语，不会写汉字。但是她不一样，不仅会说，还会写。
   问：她的汉语怎么样？
   B. 又会说又会写

5. 学习汉语有很多方法，但最重要的就是要努力，不努力什么好方法也没有用。
   问：学习汉语最重要的是什么？
   A. 努力

练习 연습문제

1. ① A：这件衣服真不错，是新款式吗？
      B：是的。这款式今年最 C. 流行 。
   ② A：你跟老板说不干了吗？
      B：对。你先自己知道，别告诉 A. 其他 人。
   ③ A：你看起来像病人 D. 似的 ，哪儿不舒服吗？
      B：早上起床就觉得不舒服。

2. ① 哪里哪里，谢谢你的夸奖。
      C. 你的中文说得真地道。
   ② 我也想跟你们一起去尝尝。
      D. 我和小王约好一起去吃中国菜。
   ③ 大家都夸我，怎么不高兴呢。
      B. 你怎么这么高兴呢？
   ④ 认识。我们在一个大学读书，他是我学长。
      A. 你认识他吗？

阅读 단문독해

1.

> 어릴 때 나는 언제 부모님을 떠나 자유를 얻을 수 있을까를 자주 생각했다. 성인이 된 후에는 집을 떠나 일을 하게 되었는데, 바쁘고도 피곤할 때에야 비로소 깨닫게 된다. 집은 가장 따스한 곳이고, 집이 있다는 느낌이 가장 좋다는 것을 말이다.

★ 离开家后觉得：B. 家最温暖

2.

> 중국어를 잘 익히고 싶다면, 먼저 중국어에 흥미가 있어야 한다. 흥미는 가장 좋은 선생님으로, 중국어를 공부하는 원동력이 된다. 우리는 모두 다음과 같은 경험이 있다. 좋아하는 일이라면 쉽게 해낼 수 있고, 좋아하지 않는 일이라면 해내기가 어렵다. 흥미가 있다면 공부는 즐겁고, 흥미가 있다면 공부에 의욕이 생긴다. 공부하는 시간이 길어지면 깨닫는 것도 많아지고, 흥미가 높아지면 자연스럽게 성과를 얻게 될 것이다.

★ 下面哪个是不正确的？ A. 兴趣是经验
★ 学汉语有兴趣就会怎么样？ A. 容易学下去

第三课 人生地不熟 낯설고 물설다

看图回答1 그림연상학습 1

1. 美贞了解北京的路吗？
   她在北京人生地不熟，不知道哪儿是哪儿。
2. 美贞为什么想出去逛街？
   她做完作业后觉得无聊，想出去买点儿东西。
3. 同屋建议她去前门的原因是什么？
   前门那儿商店多，什么都能买到。
4. 美贞看地图找到了前门还是问路找到了前门？
   美贞是问路找到的。
5. 行人告诉美贞怎么到前门去？
   行人说，前面路口右拐直走就是。
6. 图中他们的后面是邮筒还是公用电话亭？
   行人说，前面路口右拐直走就是。
7. 你喜欢去人生地不熟的地方吗？
   （自由回答）

看图回答2 그림연상학습 2

1. 美贞除了打听前门，还打听了什么？
   美贞还打听那儿有没有书店。
2. 行人对什么不太清楚？
   那儿有没有书店。
3. 行人大概地告诉了她还是详细地告诉了她？
   （自由回答）

답안

4. 图中行人向美贞摆手是什么意思?
   是不太清楚的意思。
5. 美贞走到前门后，先去哪儿干什么了?
   美贞先去书店买了一本中韩词典。
6. 周日你总无聊还是忙碌?
   (自由回答)
7. 从这里到你家怎么走？请详细地说明。
   (自由回答)

听力 듣기훈련

第一部分

1. 男：请问，医院怎么走？
   女：往前一直走就看到了。
   问：医院好不好找？
   A. 好找
2. 男：请问，附近有超市吗？
   女：有。前面往左一拐就有一家。
   问：超市离这儿远不远？
   B. 离这儿近
3. 女：你去学校怎么坐车？
   男：先坐公共汽车，再坐地铁。
   问：男的去学校要不要换车？
   A. 要换车
4. 男：从这儿到公共汽车站有多远？
   女：大概四五分钟吧。
   问：这儿到公共汽车站要多长时间？
   A. 四五分钟
5. 男：你知道北京大学的宿舍在哪儿吗？
   女：我也不太清楚，咱们向别人打听一下吧。
   问：他们要打听什么？
   C. 北大宿舍在哪儿

第二部分

1. 周日不上班，他总先吃饭再看报，然后洗脸。
   问：周日他先做什么？
   C. 吃饭
2. 他不喜欢运动，去哪儿都开车，朋友说他这样很不好。
   问：朋友的意思是什么？
   A. 应该多运动
3. 我向别人打听书店怎么走，但那人说得不太清楚，我还是不知道。
   问：我在干什么？
   B. 问路
4. 很多中国人早餐都去外面吃。因为早上没时间，外面又便宜又方便。
   问：很多中国人怎么吃早餐？
   B. 在外面吃
5. 学生宿舍是学校里最热闹的地方。学生每天住在一起又说又笑，很有意思。
   问：学校最热闹的地方是哪儿？
   A. 宿舍

练习 연습문제

1. ① A：这工作太 D. 无聊 了，每天没事儿干。
     B：是不是你又想换工作了？
   ② A：近的看得见，怎么远的看不 A. 清楚 呢？
     B：我看，你需要眼镜了。
   ③ A：明天我们有什么安排？
     B：早晨吃了早餐，C. 然后 到他们公司去开会。

2. ① 我们先吃饭，
     B. 然后慢慢儿逛。
   ② 谢谢，真不好意思。
     A. 我可以陪你去。
   ③ 顺着这条路一直走就看见了。
     C. 王府井怎么走？
   ④ 高中时候的事情，你都记得吗？
     D. 都记得，而且记得很清楚。

阅读 단문독해

1.

> 누구나 무료할 때가 있다. 출근했는데 할 일이 없으면 무료하고, 함께 할 사람이 없어 혼자일 때도 무료하다. 사람을 기다릴 때 무료할 수 있고, 차를 기다리거나 엘리베이터를 기다리는 것도 무료할 수 있다. 무료함은 언제나 진행 중이며, 언제나 우리 마음 속에 존재한다.

★ 这段话主要说什么？ C. 无聊总在进行

2.

> 응급실의 환자들은 모두 응급치료가 필요한 사람들이다. 모든 의사와 간호사는 자신의 사랑과 열정으로 모든 환자들을 간호한다. 24시간 동안 밤낮 없이, 병으로 고통 받던 많은 사람들이 여기로부터 건강하게 걸어나가며, 또한 많은 생명이 여기에서 마침표를 찍는다. 하지만 응급실의 따뜻하고 감동적인 분위기는, 언제나 변함이 없다.

★ 急诊室的医生和护士很有： C. 爱心
★ 通过这段话可以知道急诊室： B. 很温暖

第四课 逛街的乐趣 쇼핑의 즐거움

看图回答1 그림연상학습 1

1. 为什么美贞喜欢在中国逛街?
   她觉得在中国逛街就像旅游似的，又新鲜又快了。
2. 美贞穿了什么衣服出去逛街? 谁陪她去?
   美贞穿上新买的上衣和棕色短裤，一个人出去逛街。
3. 美贞为什么走进了这家鞋店?
   因为这家鞋店正在大减价。
4. 营业员是买东西的人还是卖东西的人?
   是卖东西的人。
5. 黄色的鞋卖完了，美贞觉得正巧还是不巧?
   觉得不巧。因为她已经看上了那双黄色运动鞋。
6. 如果你想买的东西不巧卖完了，那怎么办?
   (自由回答)
7. 你觉得逛街是一件快乐的事情吗?
   (自由回答)

看图回答2 그림연상학습 2

1. 美贞试穿蓝色运动鞋后觉得怎么样?
   美贞试穿后正合适，而且比想象中的还舒服。
2. 这双蓝色运动鞋比打折前便宜多少?
   至少便宜一百元。
3. 美贞本来看上了什么鞋子? 为什么没买?
   她本来看上了一双黄色运动鞋，但38号的已经卖完了。
4. 美贞买鞋了吗? 她付现金还是刷卡?
   她用现金买了一双蓝色运动鞋。
5. 你买东西的时候，先看什么?
   (自由回答)
6. 你现在有多少现金? 打算怎么花?
   (自由回答)
7. 一样的东西，你要买打折的还是赠品多的?
   (自由回答)

听力 듣기훈련

第一部分

1. 男：有没有黄色的花儿?
   女：没有黄色的，这红色的怎么样?
   问：男的在哪儿?
   B. 花店
2. 男：你常来这儿买东西吗?
   女：是啊！这儿的东西好，服务也很热情。
   问：女的说什么?
   B. 服务很好

3. 女：你看，这件衬衫怎么样?
   男：看起来都不错，就是有点儿大。
   问：这件衬衫怎么样?
   C. 大小不合适
4. 女：你的电脑坏了，为什么不买一台新的呢?
   男：我爸爸最不喜欢我玩儿电脑。
   问：男的是什么意思?
   C. 爸爸不买电脑
5. 男：请问，你们这儿可以刷卡吗?
   女：对不起，我们这儿不收信用卡，只收现金。
   问：这里要怎么结账?
   A. 只收现金

第二部分

1. 妹妹听说百货商场大减价，马上就坐地铁去逛。
   问：妹妹为什么去百货商场?
   C. 百货商场打折
2. 这家鞋店开了十年了，因为款式好价格便宜，所以客人很多。
   问：这家鞋店为什么客人多?
   A. 款式好
3. 姐姐最爱穿衬衫，她的衬衫不仅多，而且款式都不一样。
   问：姐姐的衬衫怎么样?
   C. 款式多
4. 刷卡很方便，年轻人喜欢刷卡，但老年人还是觉得用现金更方便。
   问：老年人觉得刷卡怎么样?
   C. 没有现金方便
5. 家里的电脑突然坏了，不巧丈夫出差不在家，只好打电话请人来看了。
   问：家里的电脑怎么了?
   A. 突然坏了

练习 연습문제

1. ① A：那边人怎么那么多?
      B：名牌儿店在 A. 大减价 呢。
   ② A：这家的生意很火，大部分都是常来的客人。
      B：这家开了 C. 至少 有十年。
   ③ A：你 D. 经过 超市的时候，顺便帮我买瓶可乐回来吧。
      B：好的，一瓶就够了吗?

2. ① 这次我来买单吧。
      C. 好吧，那下次我请客。

답안

② 这里吃还是带走?
   B. 给我两个香辣汉堡。
③ 不好意思，我们这里只收现金。
   D. 我没带现金，刷卡可以吗？
④ 你知道去哪里能买到中国旗袍吗？
   A. 这我不太清楚。

阅读 단문독해

1.
> 계산하는 방식으로는, 현금을 지불할 수도 있고, 카드로 결제할 수도 있다. 카드 결제는 편리하다. 카드 한 장만 들고 외출해서, 한 번 긁기만 하면, 대금 지불이 세련되고 간단해진다. 심지어 어떤 사람들은 현금을 소지하지 않고 카드 몇 장만 가지고 외출하기도 하니까 말이다.

★ 通过这段话可以知道: **A. 刷卡方便**

2.
> 컴퓨터를 살 때는 주의가 필요하다. 첫째, 먼저 인터넷에서 좀 알아보고, 그 다음에 상인과 가격을 이야기한다. 둘째, 증정품 유무 확인. 만약 없다면, 다시 가격을 흥정할 수 있다. 셋째, 애프터서비스 기간은 길수록 좋고, 3년이 가장 좋다. 넷째, 가격이 싼 것은 품질에 주의해야 한다. 다섯째, 최신 컴퓨터만 사려해서는 안된다. 3년에서 5년 뒤에는 모두 도태될 것이기 때문이다.

★ 不要只买新款电脑的原因是: **C. 淘汰快**
★ 下面哪个是买电脑需要注意的？
   C. 价钱便宜要看品质

第五课 十一黄金周 국경절 황금 연휴

看图回答1 그림연상학습 1

1. 国庆节放假，美贞有什么安排？
   美贞想利用十一黄金周去旅游。
2. 美贞请谁做导游？他答应了没有？
   美贞请中国朋友王平做导游，他很爽快地答应了。
3. 王平带着背包还是照相机？
   王平带着照相机。
4. 中国国庆节放几天假？韩国呢？
   中国国庆节放七天假。韩国不叫国庆节，叫开天节。开天节只放一天假。
5. "名胜古迹"是著名的旅游区还是繁华的商业区？
   "名胜古迹"是著名的旅游区。
6. 在韩国什么假期比较长？适合做什么？
   （自由回答）
7. 如果你有一周的假期，打算怎么安排？
   （自由回答）

看图回答2 그림연상학습 2

1. 假期的第一天他们去了什么地方？
   他们先去了长城。
2. 王平为什么先带美贞去了长城？
   因为美贞说来北京一定要去长城。
3. 中国的长城有多少公里？
   中国的长城有六千多公里。
4. 他们去了哪个酒吧街和哪个艺术区？
   他们去了三里屯酒吧街和798艺术区。
5. 游览后，美贞有什么感受？
   美贞觉得越来越喜欢中国，甚至变成了中国迷。
6. 你能用汉语说出首尔的名胜古迹吗？
   （自由回答）
7. 你认为自助游好还是跟团游好？为什么？
   （自由回答）

听力 듣기훈련

第一部分

1. 女：放暑假的时候，我想一个人去旅游。
   男：你一个人去不害怕吗？
   问：女的什么时候想去旅游？
   B. 夏天
2. 男：没时间了，电影要开始了，你去还是不去？
   女：别着急，我在准备呢。
   问：现在谁等谁？
   A. 男的等女的
3. 女：东东不但会说英语，而且还会说汉语。
   男：他真了不起！我除了汉语以外，什么都不会。
   问：男的说什么？
   A. 只会说汉语
4. 男：我觉得做导游真好，可以看到很多地方的名胜古迹。
   女：好是好，不过夏天太热，又累又辛苦。
   问：女的说什么？
   C. 夏天做导游很累
5. 男：这里有什么好玩儿的地方吗？
   女：白天你可以去故宫和博物馆，晚上去酒吧街逛逛。

问：他们在聊什么？
C. 好玩儿的地方

第二部分

1. 不到长城非好汉。去北京玩儿，一定要去爬长城。
   问：去北京旅游一定要去哪儿？
   A. 长城
2. 哥哥每天一定要做运动，他是个运动迷；弟弟每天只爱玩儿电脑，他是个电脑迷。
   问：哥哥是个什么迷？
   C. 运动迷
3. 他喜欢旅游，以前没有钱不能去。现在有了钱，却没有时间。
   问：他现在为什么不能去旅游？
   B. 没有时间
4. 导游的工作虽然比较辛苦，但能给别人介绍很多名胜古迹，心里觉得很快乐！
   问：可以知道做导游怎么样？
   B. 很快乐
5. 我不喜欢放假，因为放假妈妈总给我安排很多事情做，没有时间休息。
   问：我为什么不喜欢放假？
   A. 不能休息

练习 연습문제

1. ① A：我喜欢用手机给自己 D. 拍照 。
   B：因为你年轻漂亮。
   ② A：你怎么离开公司了？
   B：压力大，而且这工作不 C. 适合 我。
   ③ A：他这几天一直都在屋里学习，B. 甚至 都忘了吃饭。
   B：他这么努力一定能考上北大！

2. ① 是小王今早打扫的。
   B. 这里怎么这么干净？
   ② 这里多的是，你要几张？
   C. 你那儿有没有白纸？
   ③ 你打算什么时候出国留学？
   A. 我还在安排呢。
   ④ 自助游都要自己安排，多麻烦！
   D. 听说现在流行自助游。

阅读 단문독해

1.

> 만약 당신이 자유 여행을 생각하고 있다면, 처리해야 할 일이 정말 많을 것이다. 비록 여행을 떠나기 전에는 모든 준비가 다 되었고, 마음 속으로는 어떤 어려움도 생기지 않을 거라 생각하겠지만, 여행을 떠난 후에는 언제나 뜻밖의 일이 생기기 마련이니, 여전히 때때로 조심해야만 한다.

★ 通过这段话可以知道自助游：
   A. 要计划很多事情

2.

> 여행도 하나의 즐거움이다. 비록 적지 않은 돈을 쓰게 된다지만, 우리에게 많은 즐거움을 가져다 주니, 가치 있는 일이다. 나는 여행에는 최소한 세 가지의 큰 장점이 있다고 생각한다. 첫째, 대자연으로 나아가거나, 바깥 세상을 둘러보는 것은 마음이 유쾌해진다. 둘째, 여행을 통해 많은 것을 배울 수 있고, 현지의 유명한 음식도 맛볼 수 있다. 셋째, 여행은 몸을 건강하게 하고 호강병으로부터 멀리 떨어지게 한다. 주말과 황금연휴를 이용해서 여행을 많이 계획하자. 여행하지 않으면 유람할 수 없고, 유람하지 않으면 즐거움을 느낄 수 없다.

★ 下面哪个是不正确的？ B. 旅游是富贵病
★ 什么时候要多安排旅游？ B. 周末和长假

第六课 感冒好难受 감기는 정말 괴로워

看图回答1 그림연상학습 1

1. 美贞一边儿游览一边儿休息了吗？
   美贞连续几天游览，几乎没休息。
2. 美贞什么时候觉得不舒服？
   假期的最后一天。
3. 美贞不舒服有什么症状？
   全身酸痛，又流鼻涕又咳嗽，头也有点儿热。
4. 美贞是气病的还是累病的？
   美贞是累病的。
5. 图中美贞穿着睡衣还是病服？
   穿着睡衣。
6. 我们什么情况下容易感冒？
   (自由回答)
7. 你感冒了都有什么症状？一般去医院还是药店？
   (自由回答)

看图回答2 그림연상학습 2

1. 美贞最怕打针，为什么还去了医院？

부록 117

답안

美贞想到明天要上课，就不得不去医院了。
2. 医生说美贞怎么了？要马上住院吗？
   她感冒了，是流行性感冒。但不严重，不用住院。
3. 医生递给她药方说了什么？
   医生叫她回去按时吃药。
4. 医生说除了按时吃药，还要注意什么？
   要注意多喝水，多休息，少运动。
5. 美贞看病后心里觉得怎么样？为什么？
   虽然感冒很难受，但不严重，她就放心了。
6. 你常感冒吗？一年感冒几次？
   (自由回答)
7. 你平常怎么注意自己的健康？
   (自由回答)

听力 듣기훈련

第一部分

1. 女：今天你怎么不去上班？
   男：我今天不舒服，要去医院。
   问：男的今天怎么了？
   C. 身体不好
2. 女：医生，我一定要打针吗？
   男：你的感冒很严重，只吃药不行。
   问：男的是什么意思？
   B. 要吃药打针
3. 女：今天身体怎么样？
   男：没事儿，好多了。谢谢你来看我。
   问：谁是病人？
   B. 男的
4. 男：哎呀！你的头和身体都这么热。
   女：是啊，我正想去医院看看。
   问：可以知道女的怎么了？
   A. 发烧了
5. 女：我怎么了？严重吗？
   男：你说你工作忙，可能累病了。回去按时吃药，好好儿休息吧。
   问：说话人是谁？
   C. 医生和病人

第二部分

1. 妹妹病了都不吃药，可是听了医生的话以后，她不得不吃了。
   问：妹妹最后吃药了吗？
   A. 吃了
2. 拉肚子最难受，肚子一不舒服就得跑卫生间，想休息都不方便。
   问：拉肚子会怎么样？
   C. 常去洗手间
3. 护士这个职业，有好也有不好。好的是帮助病人健康地走出去；不好的是没有一定的上下班时间。
   问：护士这个职业有什么不好的？
   C. 工作时间不一定
4. 妹妹今年才七岁，爸爸妈妈都不放心。所以姐姐每天不得不去接她。
   问：姐姐每天一定要干什么？
   B. 接妹妹
5. 昨晚身体不舒服，很早就睡了。今天早上还是不舒服，所以去医院打了一瓶点滴。
   问：我不舒服怎么办了？
   A. 打点滴

练习 연습문제

1. ① A：每次爬山回来都觉得很舒服。
      B：我跟你不一样，我每次都觉得全身 **D. 酸痛**。
   ② A：你女儿在美国留学，她对美国很熟悉了吧。
      B：熟悉是熟悉，不过一个女孩子我还是不 **C. 放心**。
   ③ A：家庭主妇每天要做的事情真多。
      B：做饭、带孩子、洗衣服以外，还要 **A. 收拾** 两三个房间。

2. ① 好多了，现在只咳嗽。
      A. 你感冒都好了吗？
   ② 昨天突然肚子疼，拉肚子了。
      B. 你昨天怎么没来上课？
   ③ 听说东东发烧了，去没去医院？
      D. 去了急诊室，现在不发烧了。
   ④ 你不能总躺着，起来走动走动吧。
      C. 我刚打完点滴想躺一躺。

阅读 단문독해

1.

여자친구가 감기에 걸려 수업에 나오지 못하자, 나는 초조한 마음에 그녀를 보러 가고 싶었다. 공교롭게도, 오늘 그녀의 부모님께서 모두 집에 계셨다. 나는 메시지를 보내서 몸조리 잘 하고, 제때에 약 먹고, 푹 쉬고 다시는 밤샘하지 말라고 하는 수밖에 없었다. 하지만 지금까지도 그녀는 내게 답장하지 않았다.

★ 可以知道女朋友怎么病了？ A. 经常熬夜

2.

한 번은, 내가 열이 나자, 엄마가 체온을 재고는, 바로 나를 업고 병원으로 갔다. 가는 길에, 나는 엄마의 등에 업혀, '평소에는 병원에 가는 길이 꽤 짧더니, 오늘은 어째서 이렇게 긴 걸까!'하고 속으로 생각했다. 병원에 도착하자, 엄마는 안심했고, 나도 안정을 되찾았다. 세상에서 가장 애처로운 것이 부모의 마음이구나! 부모님께서 우리를 이토록 아껴주시는데, 우리도 반드시 보답해야 하고, 감사해야 한다.

★ 今天觉得去医院的路怎么样？ B. 很长
★ 通过这段话可以知道：
　 C. 到了医院妈妈才放心

第七课 淡季旅游 비수기 여행

看图回答1 그림연상학습 1

1. 美贞都等什么时候去旅行？为什么？
   美贞等淡季去旅游，因为旅游旺季去哪儿人都多。
2. 美贞这次和谁要去哪儿旅游？
   她打算一个人去青岛自助游。
3. 美贞找旅行社订了火车票和饭店吗？
   不，她自己订了车票和饭店。
4. 美贞订的饭店在火车站附近吗？
   离火车站有点儿远，但在市区。
5. 美贞住的房间是多少钱的？原价还是特价？
   一天二百三十元，是淡季特价。
6. 你喜欢淡季旅游还是旺季旅游？
   （自由回答）
7. 最近一次的旅游，你是找旅行社安排的还是自己安排的？
   （自由回答）

看图回答2 그림연상학습 2

1. 图中穿红衣服戴红帽子的人是谁？他是做什么的？
   他是行李员，是帮客人拿行李的。
2. 美贞觉得房间怎么样？退房时间是十二点吗？
   虽然不豪华，但住起来很舒服。退房时间是下午两点。
3. 美贞在青岛玩了几天？
   美贞在青岛玩了三天两夜。
4. 美贞对青岛的什么地方印象很好？
   美贞对青岛的啤酒街印象很好。

5. "印象"是说给人的感觉还是给人的希望？
   "印象"是说给人的感觉。
6. 你订饭店的时候先看什么条件？
   （自由回答）
7. 你旅游过的地方，印象最好和最差的是哪儿？
   （自由回答）

听力 듣기훈련

第一部分

1. 女：每天早上谁叫你起床？
   男：爸爸上班去了，当然是妈妈。
   问：男的说早上谁叫醒他？
   B. 他妈妈
2. 男：明天早上六点请您叫醒我，好吗？
   女：好的，到时一定叫醒您。
   问：男的请女的做什么？
   C. 叫醒服务
3. 男：这家三星级的酒店不错，房间里什么都有。
   女：而且价钱也不贵。
   问：这家酒店怎么样？
   A. 房价不贵
4. 女：请问，你们饭店什么时候有房间？
   男：不好意思，这个月没有，下个月才有。
   问：这饭店什么时候有房间？
   B. 下个月
5. 男：你昨天去吃中国菜了吗？
   女：去是去了，可我看不懂菜单儿，不会点菜呢。
   问：女的是什么意思？
   A. 看不懂菜单

第二部分

1. 外国人看不懂中文菜单，他们去餐厅点菜是最头疼的事儿。
   问：让外国人头疼的事情是什么？
   A. 点菜
2. 现在城市里的咖啡厅都有无线网。但有的网速快，有的网速特别慢。
   问：这段话主要说的是什么？
   A. 网速快不快
3. 很多人不吃早餐，这对身体很不好。因为早餐是一天最重要的一顿饭。
   问：一日三餐哪一顿最重要？
   A. 早餐

답안

4. 每天早上都是妈妈叫醒我起床，可是下周妈妈要出差，只能让手机来叫醒我了。
   问：妈妈出差我怎么起床？
   C. 手机叫醒我
5. 弟弟很努力地准备下周的考试，因为爸爸说如果这次考得好，就带他去日本旅游。
   问：弟弟为什么努力学习？
   B. 想去外国旅游

练习 연습문제

1. ① A：房间已经帮您 D. 预订 好了。
   　 B：谢谢，你做事真快！
   ② A：现在是旺季，机票饭店都不好订。
   　 B：是啊。所以我都等 C. 淡季 再去旅游。
   ③ A：你好像认识他。
   　 B：我和他聊过，他给人的 A. 印象 很好。

2. ① 这儿有青岛地图吗？
   　 D. 没有地图，有旅游指南。
   ② 我们什么时候出去？
   　 B. 等爸妈回来再出去。
   ③ 不豪华，但安静舒服。
   　 A. 饭店豪华吗？
   ④ 我找来找去还是找不到。
   　 C. 在网上找到了没有？

阅读 단문독해

1.
일반적인 항공사나 호텔, 상점들은 모두 여행 비수기에 할인을 한다. 이러한 여행 정보는 인터넷, 신문, 혹은 안내 센터에서 얻을 수 있고, 각 지역의 여행 지침도 확인할 수 있다.

★ 淡季去旅游的好处是： A. 可以少花钱

2.
국경절 황금연휴가 지나고, 날씨가 점점 차가워지면, 여행 비수기도 시작된다. 많은 호텔이 관광객이 적은 때에 소프트웨어와 하드웨어를 업그레이드하고, 또 어떤 호텔들은 비수기에 인테리어를 한다. 또한 적지 않은 호텔 레스토랑이 이 기간 동안 동계 결혼 고객을 위한 '결혼식 만찬'과 추운 날씨에 몸보신을 할 수 있는 '보양식'을 내놓는다. 그러나, 겨울은 동남아 여행의 성수기라서, 이 기간에는 많은 여행사가 동남아 여행을 준비하느라 바쁘다.

★ 这段话主要说什么？ B. 旅游淡季
★ 冬天是什么旺季？ C. 东南亚旅游

第八课 不好意思空手去 빈손으로 가기 민망해요

看图回答1 그림연상학습 1

1. 美贞什么时候接到张丹的电话？
   美贞从青岛一回来就接到张丹的电话。
2. 张丹为什么请客？她都请了谁？
   因为今天是张丹的生日，她请了王平和明浩，还请了美贞。
3. 美贞空手去张丹家了吗？
   她觉得不好意思空手去。
4. 美贞在哪儿买了什么礼物？
   她在礼品店买了一对高级马克杯。
5. 如果你是美贞，你觉得张丹的电话是好消息吗？
   （自由回答）
6. 你的生日是几月几日？你想得到什么礼物？
   （自由回答）
7. 你怎么给朋友过生日？
   （自由回答）

看图回答2 그림연상학습 2

1. 张丹在家请客还是在餐厅请客？
   张丹在家请客。
2. 张丹准备了家常菜还是大餐？是谁做的？
   张丹准备了家常菜，是她亲手做的。
3. 美贞常来张丹家做客吗？感觉怎么样？
   美贞第一次来张丹家做客，感觉很新鲜。
4. 饭后，他们做什么了？
   朋友们准备了蛋糕，给美贞一起唱了生日歌。
5. 最后张丹跟他们说了什么？
   张丹让他们有空常来玩儿。
6. 朋友来你家做客，你要做些什么准备？
   （自由回答）
7. 请说说最近让你开心的一件事。
   （自由回答）

听力 듣기훈련

第一部分
1. 男：你今天吃没吃早饭？
   女：没有。我每天都不吃。
   问：可以知道女的一天吃几顿饭？
   B. 两顿饭
2. 男：来来来！再来一杯！
   女：够了，喝了两杯，我不能再喝了。
   问：女的是不是海量？
   B. 不是海量
3. 男：明天你有空吗？我想请你吃饭。
   女：明天我得准备考试呢。

问：女的是什么意思？
C. 明天没空

4. 男：这道菜真好吃，是怎么做的？
   女：很好做，一会儿我可以教你。
   问：这道菜怎么样？
   B. 做起来简单

5. 女：请进！请进！随便坐！这是什么？
   男：初次来你家，买了一点儿水果。
   问：可以知道谁请客？
   C. 女的

第二部分
1. 明天小王就要去英国留学，我们几个朋友约好今天晚上请他吃顿饭。
   问：我们为什么请小王吃饭？
   B. 他要出国留学

2. 我妈妈做菜的手艺好。每次去餐厅吃饭回来，她都试做一下让我们尝尝。
   问：妈妈去餐厅吃饭回来，常怎么样？
   A. 自己试做

3. 喝酒不是一件坏事，可是喝多了，醉得都不知道自己在干什么，那就麻烦了。
   问：这段话是什么意思？
   C. 喝醉就很麻烦

4. 爸爸从外面带着一些新鲜水果回来。原来今天妈妈不舒服，他特别买给她的。
   问：爸爸带着什么回来了？
   B. 新鲜水果

5. 这家酒店的早餐菜单不错，中餐西餐都有。爸妈点了中餐，我们点了西餐，大家吃得很开心。
   问：这段话说的是什么？
   A. 酒店的早餐

练习 연습문제
1. ① A：下雨天你还出去运动？
     B：A. 不管 什么天气我都去。
   ② A：你们见了面怎么不说话呢？
     B：C. 初次 见面不知道该说什么。
   ③ A：他是日本人，但大家都以为是中国人。
     B：B. 原来 他不是中国人啊。

2. ① 不管有没有时间，
     A. 你一定要来。
   ② 她每次请客都亲手做。
     C. 她做菜的手艺很好。

③ 早上去肉店刚买来的。
   B. 这羊肉真新鲜。
④ 你到对面的礼品店去看看吧。
   D. 朋友生日买什么好呢？

阅读 단문독해
1.

첫 방문에는, 반드시 찻잎이나 과일바구니 혹은 특산품이나 명주 같은 것들을 좀 챙겨야 한다. 어쨌든, 빈손은 보기에도 좋지 않고, 선물을 하면 주최자에게 좋은 인상을 남길 수가 있다.

★ 做客一定要：B. 带礼物

2.

중국의 차는 종류가 많지만, 중국인은 녹차를 가장 즐겨 마신다. 녹차는 체중 감량뿐만 아니라, 미용에도 좋다. 중국인이 차를 즐겨 마시는 이유는 피로와 스트레스를 해소할 수 있기 때문이다. 차를 마시는 것은 장점이 많지만, 너무 많이 마시는 것은 좋지 않다. 많이 마시면 수면에 영향을 줄 수 있기 때문이다.

★ 通过这段话可以知道中国人：A. 爱喝茶
★ 下面哪个不是喝茶的好处？C. 影响睡眠

어휘 색인

A

安定	āndìng	안정되다	6과
安置	ānzhì	(사람이나 물건을) 배치하다	1과
按时	ànshí	제때에, 시간에 맞추어	6과
熬夜	áo yè	밤샘하다, 철야하다	6과
奥运鸟巢	Àoyùn Niǎocháo	베이징 올림픽 주경기장	5과

B

摆手	bǎi shǒu	손을 젓다	3과
办	bàn	처리하다	4과
包	bāo	보장, 보증하다	7과
包子	bāozi	만두, 찐빵	4과
报答	bàodá	보답하다	6과
背	bēi	등, 업다	6과
背包	bèibāo	배낭, 백팩	5과
本来	běnlái	본래, 원래	4과
鼻涕	bítì	콧물	6과
变成	biànchéng	…(으)로 변화하다	5과
变化	biànhuà	변화	3과
便利店	biànlìdiàn	편의점	3과
并	bìng	그리고, 또	1과
病假	bìngjià	병가	6과
病人服	bìngrénfú	환자복	6과
病痛	bìngtòng	병고	3과
伯父	bófù	어르신, 아저씨	8과
伯母	bómǔ	아주머니	8과
博物馆	bówùguǎn	박물관	5과
不到长城非好汉	bú dào Chángchéng fēi hǎohàn	만리장성에 이르지 못하면 대장부가 아니다	5과
不得不	bùdébù	…하지 않을 수 없다	6과
不管	bùguǎn	관계없이, 막론하고	8과
不仅	bùjǐn	…일 뿐만 아니라	1과

어휘 색인

不巧	bù qiǎo	유감스럽게도, 운 나쁘게	4과
不然	bùrán	그렇지 않으면	6과
不同	bùtóng	다르다	2과
补身	bǔ shēn	몸보신을 하다	7과
补习班	bǔxíbān	학원	1과

C

查	chá	찾아보다	4과
差	chà	나쁘다, 표준에 못 미치다	7과
吵	chǎo	시끄럽다, 떠들썩하다	3과
衬衫	chènshān	셔츠, 블라우스	4과
成果	chéngguǒ	수확, 성과	2과
初次	chū cì	첫 번, 처음	8과
出发	chūfā	출발하다	7과
出游	chūyóu	여행하러 가다	5과
川菜	chuāncài	쓰촨 요리	5과
吹	chuī	(바람이) 불다	2과
错	cuò	틀리다, 맞지 않다	1과
错字	cuòzì	오자, 잘못된 글자	2과

D

答应	dāying	승낙하다, 허락하다	1과
打包	dǎbāo	포장하다	4과
打车	dǎ chē	택시를 잡다	3과
打点滴	dǎ diǎndī	링거를 맞다	6과
打开	dǎkāi	열다, 펼치다	1과
大部分	dàbùfen	대부분	2과
大餐	dàcān	성찬, 잔치 요리	8과
大减价	dà jiǎn jià	바겐세일	4과
大人	dàren	성인, 어른	6과
大约	dàyuē	대략, 대강	1과
大自然	dàzìrán	대자연	5과

어휘 색인

戴	dài	착용하다	7과
当地	dāngdì	현지	5과
导游	dǎoyóu	가이드	5과
道	dào	요리의 코스를 세는 단위	8과
到处	dàochù	도처, 곳곳	6과
得到	dédào	손에 넣다, 얻다	2과
登记	dēngjì	등록, 체크인	7과
递	dì	건네다	6과
东南亚	Dōngnán Yà	(地) 동남아시아	7과
豆浆	dòujiāng	또우지앙	7과
读书	dú shū	독서하다, 공부하다	1, 2과
肚子	dùzi	배, 복부	4과
短裤	duǎnkù	반바지	4과
段	duàn	도막, 토막	1과
对	duì	짝을 이루는 것을 세는 단위	8과

F

发生	fāshēng	발생하다	5과
发音	fāyīn	발음	2과
繁华	fánhuá	번화하다	5과
方法	fāngfǎ	방법	2과
方面	fāngmiàn	방면, 분야	1과
方式	fāngshì	방식	4과
房号	fánghào	방 번호	7과
房价	fáng jià	객실 가격	7과
放弃	fàngqì	버리다, 포기하다	2과
放心	fàng xīn	안심하다	6과
分	fēn	나누다	3과
丰富	fēngfù	풍부하다	7과
付	fù	지불하다	4과
付款	fù kuǎn	돈을 지불하다	4과
富贵病	fùguìbìng	호강병, 사치병	5과
父母	fùmǔ	부모님	1과

G

感到	gǎndào	느끼다, 생각하다	5과
感觉	gǎnjué	느낌, 느끼다	2, 6과
感人	gǎnrén	감동시키다, 감명을 주다	3과
感受	gǎnshòu	인상, 느낌	1과
刚好	gānghǎo	때마침	7과
高级	gāojí	고급	8과
个人	gèrén	개인	2과
跟	gēn	…와(과), …에게	2과
跟	gēn	따라가다	3과
跟团游	gēntuányóu	단체여행	5과
公里	gōnglǐ	킬로미터, km	5과
公用电话亭	gōngyòng diànhuà tíng	공중전화부스	3과
关系	guānxi	관계	1과
广场	guǎngchǎng	광장	5과
国家	guójiā	국가	5과
果篮	guǒlán	과일 바구니	8과

H

海量	hǎiliàng	술고래	8과
害怕	hài pà	무서워하다, 두려워하다	5과
韩币	Hánbì	한국 화폐	5과
韩流	Hánliú	한류	2과
寒暑假	hánshǔjià	겨울방학과 여름방학	1과
航空公司	hángkōng gōngsī	항공사	7과
豪华	háohuá	호화롭다	7과
好处	hǎochu	장점, 좋은 점	5과
好像	hǎoxiàng	마치 …와(과) 같다	3과
护士	hùshi	간호사	3과
画	huà	그리다	3과
坏	huài	나쁘다, 고장나다	4과
欢乐	huānlè	즐겁다, 유쾌하다	5과

어휘 색인

黄金周	huángjīnzhōu	황금연휴	5과
回信	huí xìn	답장하다	6과
火	huǒ	인기가 있다	2과

J

计划	jìhuà	계획하다	1과
积极	jījí	적극적이다	2과
机票	jīpiào	비행기표	3과
急救	jíjiù	응급 치료	3과
急诊室	jízhěnshì	응급실	3과
记得	jìde	기억하고 있다	1과
假期	jiàqī	휴가기간	5과
简单	jiǎndān	간단하다	4과
减肥	jiǎnféi	다이어트하다	1과
减少	jiǎnshǎo	감소하다	8과
见面	jiàn miàn	만나다	1과
健身	jiànshēn	몸을 튼튼히 하다	5과
建议	jiànyì	건의하다, 제의하다	3과
讲价	jiǎng jià	값을 흥정하다	4과
叫	jiào	…하게 하다	6과
叫醒服务	jiàoxǐng fúwù	모닝콜 서비스	7과
结果	jiéguǒ	결국, 마침내	6과
结婚	jié hūn	결혼	7과
结账	jié zhàng	결산하다	4과
解决	jiějué	해결하다	2과
借	jiè	빌리다	1과
进步	jìnbù	진보하다, 향상되다	2과
进行	jìnxíng	진행하다	3과
进修	jìnxiū	연수하다	2과
经过	jīngguò	지나다, 경과하다	4과
经历	jīnglì	경력, 경험	1과
经验	jīngyàn	경험	2과

景色	jǐngsè	경치, 풍경	1과
酒量	jiǔliàng	주량	8과
酒友	jiǔyǒu	술친구	3과
句号	jùhào	마침표	3과

K

开始	kāishǐ	시작하다	3과
开心	kāixīn	즐겁다	8과
开学	kāi xué	개학하다	2과
看护	kānhù	간호하다	3과
考试	kǎoshì	시험	6과
可怜天下父母心	kělián tiānxià fùmǔ xīn	세상에서 가장 애처로운 것이 부모의 마음	6과
空	kòng	틈, 짬, 겨를	8과
空气	kōngqì	공기	1과
空闲	kòngxián	여가, 짬	1과
口味	kǒuwèi	구미, 기호	5과
裤子	kùzi	바지	5과
夸	kuā	칭찬하다	2과
夸奖	kuājiǎng	칭찬, 칭찬하다	2과
快乐	kuàilè	즐겁다	2과
困难	kùnnan	어려움	5과

L

拉肚子	lā dùzi	설사하다	6과
缆车	lǎnchē	케이블카	5과
老年	lǎonián	노년	5과
乐趣	lèqù	즐거움, 재미	5과
礼品	lǐpǐn	선물, 예물	8과
利用	lìyòng	이용하다	1과
连续	liánxù	연속하다, 계속하다	6과
另外	lìngwài	그 밖의	6과
流	liú	흐르다	6과

부록 127

어휘 색인

留	liú	남기다	7과
留步	liúbù	나오지 마세요, 들어가세요	8과
流行	liúxíng	유행하다	2과
流行性感冒	liúxíngxìng gǎnmào	유행성 감기	6과
龙庆峡	Lóngqìngxiá	(地) 롱칭샤	5과
路口	lùkǒu	길목, 갈림길	3과
旅行社	lǚxíngshè	여행사	7과
旅游区	lǚyóuqū	관광지	5과
绿茶	lǜchá	녹차	8과

M

马克杯	mǎkèbēi	머그컵, mug	8과
买单	mǎidān	계산서, 계산하다	4과
忙碌	mánglù	바쁘다	3과
慢走	mànzǒu	살펴 가세요	8과
美	měi	아름답다	1과
美容	měiróng	미용	8과
迷	mí	애호가, 마니아	5과

N

难	nán	어렵다	2과
男女	nánnǚ	남자와 여자	1과
难受	nánshòu	괴롭다, 견딜 수 없다	6과
能力	nénglì	능력, 역량	1과
年轻	niánqīng	젊다	1과

O

| 欧洲 | Ōuzhōu | (地) 유럽 | 5과 |

P

爬	pá	오르다	5과
拍	pāi	찍다	5과
陪	péi	동반하다, 수행하다	3과
疲劳	píláo	피로	8과
品质	pǐnzhì	품질	4과
平板电脑	píngbǎn diànnǎo	태블릿 PC	4과
平常	píngcháng	평소, 평시	1과

Q

期间	qījiān	기간	4과
798艺术区	Qījiǔbā Yìshùqū	798 예술단지	5과
其实	qíshí	사실	1과
其他	qítā	기타, 그 외	2과
起步价	qǐbùjià	기본요금	3과
气病	qìbìng	화병	6과
亲手	qīnshǒu	손수, 직접	8과
清楚	qīngchu	분명하다, 뚜렷하다	3과
青岛	Qīngdǎo	(地) 칭다오	7과
青少年	qīngshàonián	청소년	2과
情况	qíngkuàng	상황	6과
病假	qǐng jià	휴가를 신청하다	6과
请客	qǐng kè	손님을 초대하다, 한턱내다	8과
全身	quánshēn	전신, 온몸	6과
却	què	도리어, 오히려	3과

R

然后	ránhòu	그러한 후에, 그리고 나서	3과
绕	rào	우회하다, 돌아서 가다	3과
仁川	Rénchuān	(地) 인천	1과
人民大会堂	Rénmín Dàhuì Táng	인민대회당	5과
人生地不熟	rén shēng dì bù shú	낯설고 물설다	3과

어휘 색인

认为	rènwéi	여기다, 생각하다	1과
日夜	rìyè	밤낮, 주야	3과
容易	róngyì	쉽다	2과
入住	rùzhù	체크인, 입주	7과
软硬件	ruǎnyìngjiàn	하드웨어 및 소프트웨어	7과

S

三里屯酒吧街	Sānlǐtún Jiǔbājiē	싼리툰 술집거리	5과
商店	shāngdiàn	상점	3과
商家	shāngjiā	상인, 상점	4과
商业区	shāngyèqū	상업 지역	5과
上衣	shàngyī	상의, 윗옷	4과
烧酒	shāojiǔ	소주	8과
甚至	shènzhì	심지어	5과
生命	shēngmìng	생명	3과
时尚	shíshàng	트렌드	4과
似的	shìde	비슷하다, (마치) …와(과) 같다	2과
适合	shìhé	적합하다	5과
世界	shìjiè	세계, 세상	5과
市区	shìqū	시내	7과
收	shōu	받다, 수납하다	4과
收拾	shōushí	정리하다	6과
售后服务	shòuhòu fúwù	애프터서비스, A/S	4과
熟悉	shúxī	익숙하다	1과
刷卡	shuā kǎ	카드로 결제하다	4과
双休日	shuāngxiūrì	주 5일 근무제에서의 이틀 연휴, 주말	5과
爽快	shuǎngkuài	명쾌하다, 시원시원하다	5과
睡眠	shuìmián	잠, 수면	8과
睡着	shuìzháo	잠들다	2과
顺便	shùnbiàn	…하는 김에	4과
顺着	shùnzhe	…을(를) 따라서	3과
说明	shuōmíng	설명하다	3과

松树	sōngshù	소나무	1과
酸痛	suāntòng	쑤시고 아프다	6과
随便	suíbiàn	좋을 대로, 편한 대로	8과
随时	suíshí	언제나, 아무 때나	5과

T

台	tái	기계 등을 세는 단위	3과
台式(电脑)	táishì (diànnǎo)	데스크탑	4과
汤	tāng	탕, 국	8과
淘汰	táotài	도태하다, 쓸모 없게 되다	4과
特价	tèjià	특가, 특별 할인 가격	7과
提高	tí gāo	향상시키다, 높이다	1과
提供	tígōng	제공하다	7과
提升	tíshēng	업그레이드하다	7과
体温计	tǐwēnjì	체온계	6과
挺	tǐng	매우, 아주	4과
通过	tōngguò	…을(를) 통하다, …에 의하다	3과
同屋	tóngwū	룸메이트	3과
头发	tóufa	머리카락	1과
图	tú	그림, 도표	1과
推出	tuīchū	내놓다, 출시하다	7과
退房	tuì fáng	체크아웃하다	7과

W

外国	wàiguó	외국	2과
完全	wánquán	완전하다	1과
网速	wǎngsù	인터넷 속도	7과
温暖	wēnnuǎn	따듯하다	2과
无法	wúfǎ	…할 방법이 없다	5과
无聊	wúliáo	따분하다, 지루하다	3과
梧桐树	wútóngshù	오동나무	1과
无线网	wúxiànwǎng	와이파이, 무선 인터넷	7과

어휘 색인

X

西餐	xīcān	양식	7과
希望	xīwàng	희망	7과
习惯	xíguàn	습관, 버릇	1과
洗衣店	xǐyīdiàn	세탁소	4과
下午茶	xiàwǔ chá	애프터눈 티	1과
现金	xiànjīn	현금	4과
想象	xiǎngxiàng	상상	4과
消息	xiāoxi	소식	8과
小时候	xiǎoshíhou	어릴 때, 유년기	2과
小心	xiǎoxīn	조심하다, 주의하다	5과
校园	xiàoyuán	교정, 캠퍼스	2과
写作	xiězuò	작문	1과
心急	xīn jí	초조하다, 조마조마하다	6과
心情	xīnqíng	심정, 마음	5과
新鲜	xīnxiān	신선하다, 새롭다	4과
信息	xìnxī	정보	7과
信用卡	xìnyòngkǎ	신용 카드	4과
行李员	xíngliyuán	벨보이	7과
兴趣	xìngqù	흥미, 관심	2과
兄妹	xiōngmèi	남매	1과
许多	xǔduō	대단히 많은, 허다한	2과
学会	xuéhuì	습득하다, 배워서 알다	3과
学妹	xuémèi	후배 여학생	1과
学问	xuéwen	학문	5과
学长	xuézhǎng	학교 선배	1과

Y

养生	yǎngshēng	보양하다	7과
要不然	yàobùrán	그렇지 않으면	3과
药方	yàofāng	처방전, 약방문	6과
要命	yào mìng	심하다	6과

一般	yìbān	보통이다, 일반적이다	3과
一切	yíqiè	모든, 온갖	1과
一下子	yíxiàzi	단시간에, 단번에	2과
以为	yǐwéi	여기다, 알다	2과
意思	yìsi	뜻, 의미	2과
意外	yìwài	뜻밖이다, 의외이다	5과
印象	yìnxiàng	인상	7과
营业员	yíngyèyuán	점원, 판매원	4과
影响	yǐngxiǎng	영향을 주다	8과
用	yòng	…으로(써)	3과
游览	yóulǎn	유람하다, 관광하다	5과
尤其	yóuqí	특히, 더욱이	2과
油条	yóutiáo	요우티아오	7과
邮筒	yóutǒng	우체통	3과
鱼	yú	생선	8과
愉快	yúkuài	기쁘다, 유쾌하다	5과
于是	yúshì	그래서, 그리하여	1과
预订	yùdìng	예약하다	7과
原动力	yuándònglì	원동력	2과
原价	yuánjià	원가, 정가	7과
原来	yuánlái	원래, 알고 보니	8과
原因	yuányīn	원인	3과
愿意	yuànyì	바라다, 희망하다	6과
约会	yuēhuì	만날 약속	1과
阅读	yuèdú	읽다, 독해하다	1과
越…越…	yuè…yuè…	…하면 할수록 …하다	1과

Z

脏	zāng	더럽다	4과
早晨	zǎochén	아침	3과
赠品	zèngpǐn	증정품, 경품	4과
长大	zhǎngdà	자라다, 성장하다	2과

어휘 색인

招待	zhāodài	초대하다, 접대하다	8과
照片	zhàopiàn	사진	5과
照相机	zhàoxiàngjī	카메라	5과
正好	zhènghǎo	마침, 때마침	3과
正门	zhèngmén	정문	3과
正巧	zhèngqiǎo	공교롭다	4과
正确	zhèngquè	정확하다, 옳다	2과
症状	zhèngzhuàng	증상	6과
知识	zhīshi	지식	1과
直达	zhídá	직통하다, 직행하다	2과
值得	zhídé	…할 만한 가치가 있다	5과
职业	zhíyè	직업	6과
只好	zhǐhǎo	부득이, 할 수 없이	3과
指南	zhǐnán	지침서, 가이드북	7과
只要	zhǐyào	…하기만 하면	4과
至少	zhìshǎo	최소한, 적어도	4과
中餐	Zhōngcān	중식	7과
中关村	Zhōngguāncūn	(地) 중관촌	4과
中年	zhōngnián	중년	5과
中文	Zhōngwén	중국어	1과
终于	zhōngyú	결국, 끝내	4과
种类	zhǒnglèi	종류	8과
周日	zhōurì	일요일	3과
主人	zhǔrén	주인	8과
著名	zhùmíng	저명하다	5과
住院	zhù yuàn	입원하다	6과
装修	zhuāngxiū	인테리어하다	7과
咨询中心	zīxún zhōngxīn	안내 센터	7과
自动售货机	zìdòng shòuhuòjī	자판기	3과
自助餐	zìzhùcān	뷔페	7과
自然	zìrán	자연히, 저절로	2과
自由	zìyóu	자유	2과

棕色	zōngsè	갈색	4과
总	zǒng	늘, 언제나	1과
走动	zǒudòng	움직이다	6과
醉	zuì	취하다	8과
作业	zuòyè	숙제, 과제	3과
作者	zuòzhě	작가	1과